W0328388

HEX
LA MAGIE DE PROTECTION

SHAWN ENGEL

HEX
LA MAGIE DE PROTECTION

Traduction de Catherine Thély

Éditions
TrajectoirE

SOMMAIRE

CHAPITRE 5
NEUTRALISATION ET CONGÉLATION 68

CHAPITRE 6
SORTS DE BANNISSEMENT 82

CHAPITRE 7
RITUELS DE GUÉRISON 94

CHAPITRE 8
CONCOCTER VOS PROPRES CHARMES 106

Dans un monde où l'on peine à trouver des figures de proue et une guidance dignes de ce nom, voyez en ce livre le moyen de vous aider à renouer avec la puissance intérieure qui est la vôtre – qui plus est, si la sorcière en vous aspire à faire preuve d'engagement et à voler au secours des personnes mises au ban de la société.

Pour bien des raisons, la magie de protection a mauvaise réputation : en effet, certaines sorcières poursuivent le même but que les non-initiés malintentionnés désireux de nuire à autrui. L'on ne saurait surveiller tout le monde ni diaboliser la pratique de la sorcellerie simplement parce que des gens malveillants sont à l'œuvre. À nous, donc, de pratiquer la sorcellerie avec circonspection.

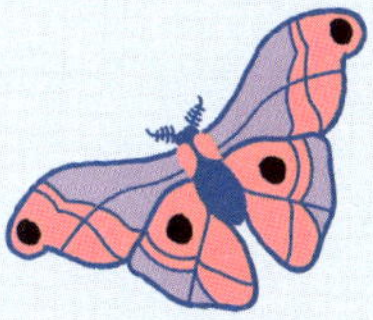

Que de propos erronés circulent sur les ensorcellements, malédictions et autres mauvais sorts ! Nous allons identifier qui fait quoi et surtout, ce qui justifie la sorcellerie. Un sort est d'autant plus efficace si l'on sait exactement pourquoi il s'impose ; mais c'est aussi l'occasion de faire le point sur notre éthique personnelle, démarche ô combien importante en sorcellerie. Même les sorcières doivent assumer les conséquences de leurs actes ; à vous, donc, d'aligner votre pratique sur vos valeurs morales.

Écrit pour vous simplifier l'art d'exercer la magie de protection, ce livre en appelle aussi à un usage responsable de la sorcellerie. Cet art une fois défini, je passerai aux principes éthiques liés à sa pratique ; s'ensuivra un exposé sur les populations privées de leurs droits et qui, au fil des siècles, avaient recours aux envoûtements pour se protéger. Ensuite, place à la sorcellerie moderne : quatre chapitres vous permettront d'apprendre à canaliser vos énergies, rituels à la clé. Le chapitre final vous permettra de concocter vos propres sorts avec les ingrédients adéquats.

Le but de ce livre est de mettre à votre portée une magie puissante pratiquée dans le respect des valeurs morales. Ne nous abaissons pas au niveau de ceux que nous blâmons ; protection et défense sont la raison d'être de la sorcellerie.

PRÊTE À ENTRER DANS LE VIF DU SUJET ?
C'EST PARTI !

1

LA MAGIE DE PROTECTION

La magie de protection, hex *en anglais américain,*
est une pratique qui requiert prudence et respect.
Elle peut vous aider à révéler la puissance qui vous
habite, à vous rendre autonome, à agir sur votre
environnement, à maîtriser le cours de votre existence
– et aussi être utile aux personnes incapables
de se protéger elles-mêmes.

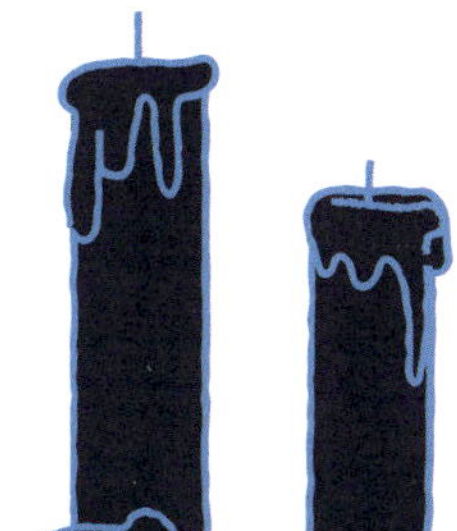

QU'EST-CE QUE LA MAGIE DE PROTECTION ?

La magie de protection – ou hexing *– est on ne peut plus ancienne. Comme, en allemand,* Hexerei *signifie sorcellerie, il faut savoir faire le distinguo. En atteste la fâcheuse tendance à associer cette magie avec des malédictions, des mauvais sorts ou la volonté de nuire à autrui. Or, pratiquée par une sorcière responsable, la magie de protection sert bien davantage à protéger qu'à nuire.*

Souvent, les sorcières d'aujourd'hui sont confrontées à des questions naïves telles que : « Vous lancez des malédictions sur les gens ? » ou « Vous est-il déjà arrivé de jeter un sort à quelqu'un ? ». De telles réflexions sont dues pour une grande part à des croyances erronées selon lesquelles toutes les sorcières sont malintentionnées – et donc, à craindre. Une peur ancestrale que j'évoque plus loin en revenant sur les persécutions qui, longtemps, les ont frappées.

Si, en ces temps reculés, une sorcière restait attachée à ses croyances – en refusant, par exemple, de confesser qu'elle pratiquait son art –, elle encourait le risque d'être battue à mort, brûlée vive, écrasée sous des rochers ou de périr noyée.
Ces condamnations étaient le fruit d'une peur collective ; on craignait que la puissance des sorcières surpasse celle des autorités. Une peur atavique qui a marqué l'histoire de l'humanité, quels que soient la culture, le siècle ou le pays. Entre autres exemples célèbres, citons la chasse aux sorcières qui a sévi partout en Europe à l'époque du Moyen Âge ainsi qu'aux États-Unis, à Salem, dans l'État du Massachusetts, à la fin du XVIIe siècle.

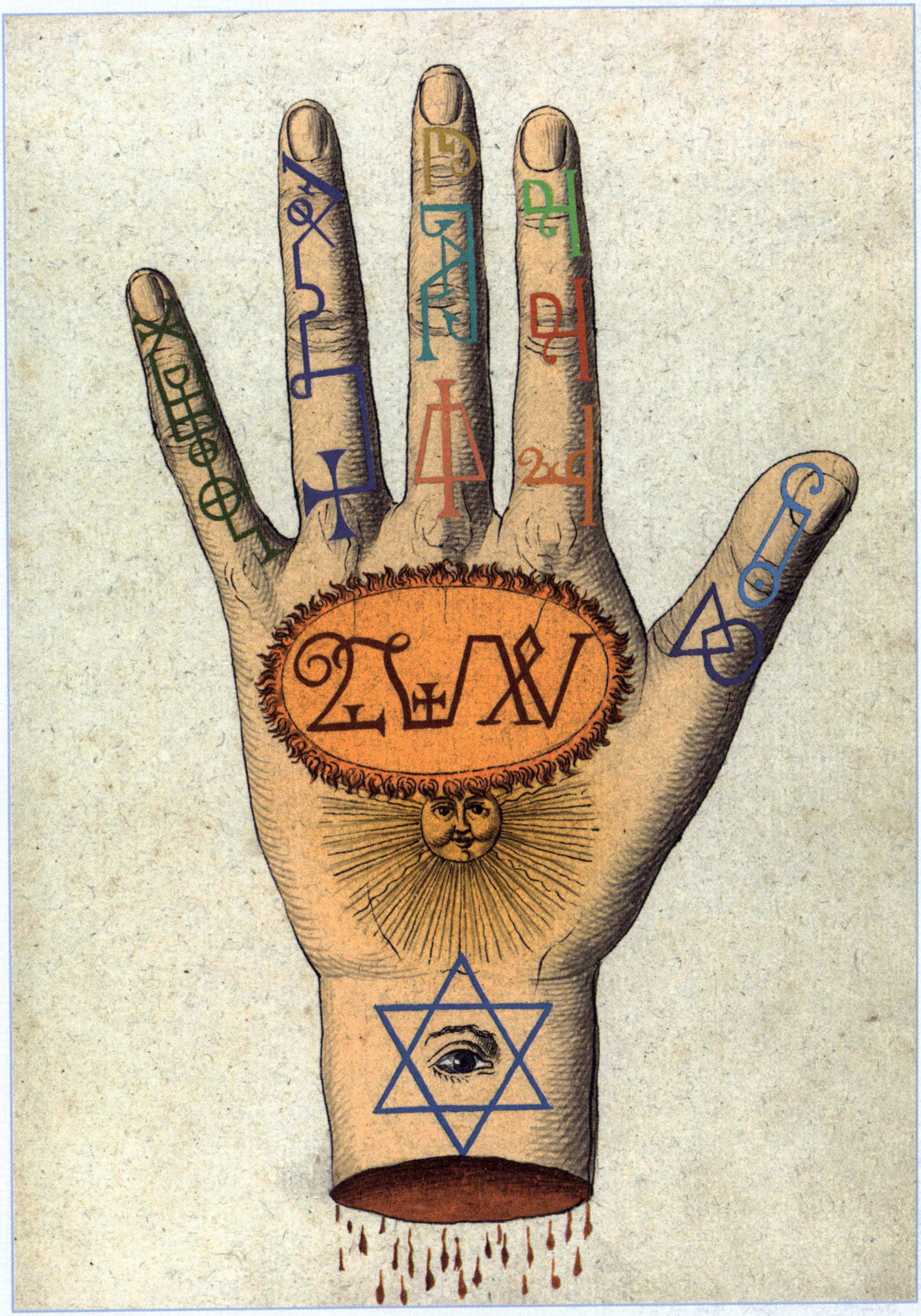

« LA MAGIE DE PROTECTION EST LA CLÉ DE LA GUÉRISON. »

La peur de cette pratique magique ne laisse pas de m'étonner ; mais au fond, elle est surtout révélatrice du désir d'en savoir davantage sur le mystère qui l'entoure. Cette peur est également due au fait que l'on ne sait pas exactement ce que c'est. Donc, non : cette pratique ne doit pas servir à attaquer ou à blesser ceux qui n'ont pas l'heur de nous plaire. Bien au contraire, il s'agit d'un moyen pour se défendre et se protéger – un peu comme le karaté ou le jiu-jitsu, mais sur le plan spirituel.

Cela me rappelle un vieux diction répandu en sorcellerie : « La magie de protection est la clé de la guérison. » Autrement dit, pour semer la guérison, il faut d'abord se protéger et nettoyer son espace personnel de toute oppression, processus qui peut se dérouler de diverses façons. En ce qui concerne notre mission, ce dicton met l'accent sur ceci : pour permettre à la guérison de s'installer, il faut d'abord veiller à se défendre par la magie. Il peut alors s'agir d'extraire les énergies d'une personne de votre propre champ énergétique de façon à leur opposer un rempart – de quoi vous rendre libre de vos mouvements pour entamer vos travaux sur vous-même.

Eh oui, rien de tel qu'un sort de protection face à des situations personnelles difficiles ou lorsque l'on cherche à mieux maîtriser le cours de sa vie.

Un sort de protection est également très utile pour se protéger de malédictions, d'attaques psychiques et de personnes malintentionnées à notre égard. Cerise sur le gâteau, cette magie est aussi salutaire sur le plan relationnel – par exemple, pour se libérer d'une personne ou d'une situation toxique. On peut aussi opérer à une échelle plus large, en atteste le rituel collectif pratiqué sur Brett Kavanaugh en 2018 (page 22).

AVANT DE VOUS LANCER

Certaines apprenties sorcières sont tentées de pratiquer uniquement dans le but d'assouvir de petites envies ou vengeances mesquines – voilà qui est complètement malavisé ! On peut ne pas croire au karma ou à la Règle de Trois (page 32), c'est le cas d'un certain nombre d'entre nous ; néanmoins, la tendance est globalement au respect d'un code éthique, au même titre que celui régissant les coups et blessures, par exemple. Dans votre projet, tout est affaire d'intention, laquelle doit être pure et servir le plus grand bien – il faut proscrire toute réaction liée à la colère en la dirigeant contre une personne qui, selon vous, vous a porté préjudice. D'où mon conseil : ne jetez jamais un sort à chaud, commencez par vous interroger sur les conséquences. N'omettez jamais de vous questionner sur les motifs sous-jacents à votre démarche et, enfin, évitez de formuler des intentions qui pourraient avoir un impact négatif sur autrui. N'oubliez pas ceci : le soir, vous devez pouvoir vous endormir la conscience tranquille.

Toutes ces questions s'éclairciront au fur et à mesure de votre lecture. Reste à retenir un élément clé : comme toute chose en ce bas monde, le domaine de la magie de protection n'est jamais complètement noir ou blanc. La magie se situe dans une zone grise dont elle infléchit les nuances ; fait intéressant, le mot *witch* – « sorcière » – est dérivé du proto-germanique *weik*, qui signifie « plier, courber ».

Enfin, soulignons que vous ne pouvez pas miser sur le seul exercice de la magie de protection pour résoudre tous vos problèmes. Temps et énergie sont essentiels pour pouvoir pratiquer ; il faut aussi faire preuve de persévérance et de concentration. Ajoutons que vous allez vous servir de forces puissantes qui exigent de vous une attitude responsable. Le but de ce livre est de vous transmettre une guidance très claire sur les choix éthiques et déontologiques qui devraient sous-tendre la pratique de vos pouvoirs magiques. À ce titre, veuillez toujours considérer vos intentions comme un pistolet chargé ; soyez consciente des conséquences quand le moment est venu d'appuyer sur la gâchette.

ORIGINES

Vieille comme le monde, la magie de protection a traversé le temps et marqué de son empreinte de nombreuses cultures désireuses de préserver leurs croyances et de se protéger. Voici un aperçu qui permet de comprendre comment et pourquoi la sorcellerie a fait parler d'elle à des moments clés de l'Histoire – y compris dans l'Antiquité, chez les tribus autochtones confrontées à l'invasion de colons étrangers, et parmi les populations africaines réduites en esclavage.

MONDE ANTIQUE

Dès que l'humanité s'est mise à vénérer des dieux et à se tourner vers le surnaturel et la magie, sortilèges et malédictions ont fait leur apparition. Aujourd'hui encore, le sujet fascine - en atteste l'engouement général pour *La Malédiction de la momie* et *Harry Potter*. Pratiques occultes et sortilèges étaient répandus parmi les civilisations antiques d'Égypte, de Grèce et d'Italie. Grecs et Romains usaient de magie pour remporter la victoire lors de joutes sportives ou favoriser leurs affaires commerciales - voire leurs amours.

Les sorts servant à entraver autrui consistaient en un texte à lire à voix haute. Il s'agissait également d'inscriptions : il y a peu, on a découvert une tombe de 2 000 ans près d'une ancienne cité romaine en Serbie ; outre des squelettes, elle contenait de minuscules rouleaux gravés de formules d'entrave. On pense que ces amulettes étaient portées jusqu'à ce que le sortilège opère. Il suffisait de s'offrir les services d'un mage pour les fabriquer.

Signalons aussi les fameuses tablettes de « défixion ». Ces tablettes de plomb, de pierre ou de cire étaient gravées d'inscriptions visant à maudire un tiers lorsque l'on s'estimait victime de celui-ci. Leur but : appeler la malédiction des dieux des mondes souterrains sur une cible. Des fouilles récentes sur un site d'Athènes ont dévoilé un puits vieux de 2 500 ans qui contenait trente petites tablettes de plomb couvertes de malédictions invoquant les dieux des enfers.

DANS L'ANTIQUITÉ, LES ÉGYPTIENS CULTIVAIENT UNE MAGIE « GLAMOUR » À BASE DE PIERRES PRÉCIEUSES TELLES QUE L'ÉMERAUDE. BROYÉE EN POUDRE, ELLE FAISAIT OFFICE DE FARD À PAUPIÈRES.

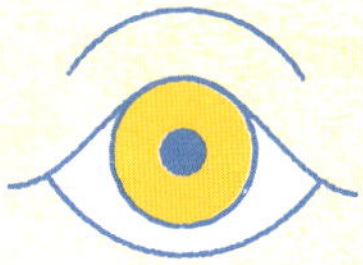

À signaler également, les poupées d'envoûtement retrouvées pieds et mains liés, probablement associées à ces tablettes.

En Égypte, la magie était une pratique courante ; sorts ou malédictions étaient souvent mêlés à des récits écrits.
Dans l'Antiquité, les Égyptiens cultivaient une magie « glamour » à base de pierres précieuses telles que l'émeraude. Broyée en poudre, elle faisait office de fard à paupières.
Pétrie de toutes ces croyances, l'élite dirigeante veillait à placer des sorts de protection dans ses sépultures pour décourager pillards et autres profanateurs. D'où la rumeur : quiconque osant entrer dans une sépulture de dignitaire serait maudit à jamais. Ces avertissements, en traversant les âges, sont devenus très macabres.

EUROPE

Sorcellerie et pratiques occultes ont connu un essor dans l'Europe médiévale ; c'est surtout au début du xve siècle que la superstition s'est s'abattue sur les sorcières, accusées par leurs voisins d'être responsables des fléaux qui balayaient le continent. Bien que l'Église, à l'origine, ait qualifié de païennes ces superstitions, les sorcières continuaient à susciter la peur : en 1484, le pape Innocent VIII a fini par proclamer hérétique la pratique de la sorcellerie. Ainsi a démarré la persécution des sorcières, orchestrée par des ordres religieux partout en Europe. L'an 1486 est d'ailleurs marqué par la parution du *Malleus Maleficarum - Le Marteau des sorcières*, manuel pratique de chasse aux sorcières écrit en latin par des dominicains.
Le *Witchcraft Act* adopté en 1542 en Angleterre instaure la peine de mort pour quiconque pratique la sorcellerie.

Cette période de l'Histoire a engendré des persécutions et des exécutions à grande échelle. Les accusées, généralement des femmes pauvres d'âge moyen, voire des vieillardes, usaient de sorcellerie pour survivre - avoir un toit et se nourrir, se protéger ou se faire justice. La plupart des sorcières arrêtées étaient condamnées à être pendues ou à périr par le feu comme en Écosse et en Espagne, pays où l'Inquisition faisait rage ; c'était le temps des bûchers. Entre 1482 et 1782, près de 100 000 personnes - des femmes, principalement - ont été accusées de sorcellerie ; près de 50 000 d'entre elles ont été exécutées après avoir été reconnues coupables de sorcellerie devant les tribunaux. Outre-Manche, trois grands procès pour sorcellerie ont eu lieu

en Écosse dès 1590, dans le Lancashire en 1612 et dans les régions de l'Essex et d'East Anglia, vers 1640. En Écosse, les procès ont duré deux ans. Accusés de pratiquer la sorcellerie dans une église, les habitants ont été torturés jusqu'à ce qu'ils finissent par avouer avant d'être exécutés en place publique.

AFRIQUE ET AMÉRIQUES

Longtemps, bon nombre de tribus autochtones ont eu recours aux sorts de malédiction et de protection face aux colons blancs et aux marchands d'esclaves. Du XVIe au XIXe siècle, la traite négrière transatlantique a beaucoup rapporté aux colonies américaines.

La sorcellerie a servi de solution aux peuplades africaines pour se défendre contre les envahisseurs qui pillaient leurs terres et les exilaient de force. C'était l'un des rares moyens qui leur permettait de résister. Tirant parti de leur environnement naturel, ils portaient sur eux des matériaux aux vertus protectrices provenant d'espèces animales. Exemple : la peau de serpent pour sa faculté à protéger ; les dents et le sang d'un animal pour nuire aux intrus.
Les esclaves n'avaient plus que la magie pour se protéger de la violence. Par peur des représailles, ils veillaient à pratiquer en secret.

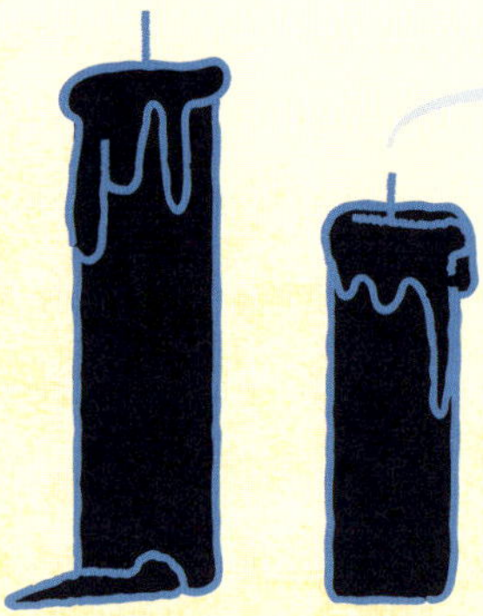

Ce besoin de protection a donné naissance au Hoodoo (ou « conjure »), magie folklorique pratiquée par les esclaves africains emmenés contre leur gré dans le Nouveau Monde. Le Hoodoo fait appel aux énergies végétales, cristallines et animales ; il s'agit de puiser dans des énergies en adéquation avec l'intention liée à un sort.

Parlons aussi des poupées vaudoues ; contrairement aux idées reçues, elles servaient, à l'origine, à protéger les esclaves de leur maître. Très peu de gens savent d'ailleurs que ces poupées étaient également fabriquées pour venir en aide à des amis ou à des proches. On peut remplacer les aiguilles par un baume ou un cataplasme. Ainsi la magie de protection peut être synonyme de guérison.

Passons au cas de Salem. Les habitants s'adonnaient – contre toute attente pour certains – à des rituels très divers de magie hérités de la tradition : chaque foyer à Salem disposait d'un espace consacré à la protection des lieux. Il abritait, entre autres, des figurines – sortes de petites effigies d'autrui – et servait pour les rituels avec du sang ou des jarres à malédiction.

Les gens de Salem récitaient régulièrement des incantations pour échapper aux représailles et se garder des maléfices. Jusqu'à ce qu'ait lieu le tristement célèbre procès des sorcières de Salem, qui s'est déroulé de février 1692 à mai 1693 : déclarant être possédées par le diable, des jeunes filles de Salem avaient accusé de sorcellerie plusieurs femmes de la localité. L'hystérie devenant collective, les accusations se sont mises à pleuvoir sur les femmes dont le mode de vie paraissait suspect.

Enfin, parlons du pow-wow, autre tradition de magie folklorique. À l'origine de rituels destinés à guérir aussi bien les gens que le bétail, le pow-wow est aussi associé à la protection et à la bonne fortune. Terme américain en soi, le pow-wow est pourtant une tradition importée en Pennsylvanie par des colons germanophones venus d'Europe aux XVIIe et XVIIIe siècles. Cette tradition qui consistait à reproduire des symboles de magie est un art populaire en lien direct avec le pow-wow. Circulaires et composés de figures géométriques très colorées, ces signes magiques servaient à protéger les communautés humaines de fléaux tels que la guerre et les catastrophes naturelles. À plus petite échelle, leur fonction était de préserver la santé des animaux de la ferme. Il s'agissait donc aussi de symboles de guérison et d'abondance.

Telle a été la magie de protection au fil des siècles. Même si la curiosité le dispute à la peur, ce qui se comprend, on voit bien que l'exercice de la magie est surtout un moyen de s'autoprotéger et de se défendre ; son but premier n'est pas de nuire à autrui.

FOLKLORE ET MYTHOLOGIE

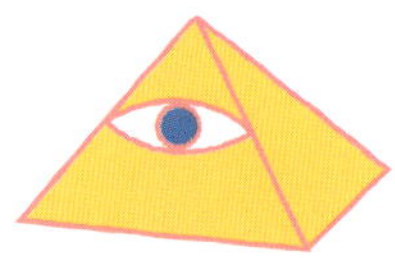

Le rôle du conte moral est de souligner les conséquences de nos actes, et très longtemps, il en est allé de même en matière de magie de protection. Dans la mythologie, par exemple, quand envoûtements et malédictions ne servent pas à protéger ou à établir une certaine norme, il s'agit surtout de vouloir du mal à autrui ; en résultent des événements surnaturels impressionnants qui parfois peuvent mener à la mort.

ÉGYPTE ANTIQUE

La légende de sorcellerie la plus célèbre porte le nom de « malédiction des pharaons ». Que l'on ait vu ou pas des films tels que *La Malédiction de la momie* (1944) ou *La Momie* (1999) – voire certains épisodes des *Simpson* –, qui n'a pas déjà entendu parler de ces antiques malédictions qui visent quiconque ose déranger une momie ? On l'a vu, sortilèges et malédictions fleurissaient à l'époque de l'Égypte antique. Les sépultures étaient protégées par des malédictions qui condamnaient les intrus à être frappés par la maladie, voire par la mort ; d'où ces inscriptions funestes dans la tombe de nombreux pharaons et dignitaires de haut rang.

Prenons un exemple de la Xe dynastie, tel ce gouverneur de province appelé Ankhtifi. Sa tombe contenait une inscription déclarant à toute personne malintentionnée : « Puisse Hemen dédaigner ses offrandes, puisse-t-elle être déshéritée, et ses descendants après elle. » Autre inscription trouvée dans la sépulture de Khentika-Ikhéhi, dignitaire de la VIe dynastie : « Quiconque entre en ces lieux avec des intentions impures sera jugé et sa fin, proche ; je l'empoignerai par le cou comme un oiseau et instillerai la peur en lui. »

Les Égyptiens de l'Antiquité n'hésitaient pas à lancer des malédictions pour protéger les sépultures des personnages de haut rang.

Cela peut heurter, mais il s'agissait simplement de protéger les tombeaux. Il semblerait d'ailleurs que l'énergie liée à ces malédictions ait perduré au fil des siècles : en attestent les écrits d'archéologues signalant maladies et accidents après avoir ouvert l'un de ces tombeaux. Précisons que ce type de malédiction est irrévocable ; inscrite sur ordre d'un pharaon, elle continue d'agir à travers les âges.

OLYMPIADES

Dans la Grèce antique, on ne se privait pas de lancer des malédictions non plus. Pourtant, il était très mal vu de recourir à la magie pour remporter une victoire lors des Jeux. On ne badinait pas avec l'honnêteté : les athlètes en compétition devaient se rassembler au pied de la statue de Zeus et jurer qu'ils ne tricheraient pas - en achetant les magistrats qui supervisaient les épreuves ou en tentant de mettre des bâtons dans les roues de leurs rivaux. Autre pratique interdite : l'aide de la magie noire pour remporter la victoire. Les athlètes étaient d'ailleurs placés face à un texte gravé sur une tablette ; s'ils brisaient ce serment, ils seraient maudits - cherchez l'erreur ! Zeus était supposé réduire en cendres quiconque s'aviserait de désobéir *via* un sortilège pour remporter une compétition - pratique condamnée par une... malédiction !

Cela n'empêchait pas les réfractaires de faire appel à des divinités pour estropier leurs rivaux, tant ils y croyaient : restait à dissimuler leur tablette dans le sol où devait avoir lieu la compétition. Certains jetaient un sort consistant à rendre invalide un concurrent ou, pire, à provoquer sa mort. La foule venue assister aux Jeux en déduisait qu'un athlète tombé subitement malade ou incapable de rester en lice était en fait victime d'un sortilège.

KABBALE JUIVE

La Kabbale - tradition mystique du judaïsme - n'est pas en reste avec une malédiction ancienne appelée *Pulsa Denora*. Il s'agit d'un rituel au cours duquel sont invoqués les anges de la destruction afin d'empêcher le sujet de recevoir le pardon divin - souvent, d'ailleurs, ce dernier décède. Pour des raisons évidentes, ce sujet est extrêmement controversé, et le murmure

court qu'un *Pulsa Denora* pourrait être à l'origine de décès inexpliqués dans la classe politique israélienne, notamment celui du Premier ministre Yitzhak Rabin en novembre 1995 ainsi que celui d'Ariel Sharon en 2014. Ici, nous avons surtout affaire aux fables populaires d'aujourd'hui, alimentées par les folles rumeurs qui ont circulé après la mort de ces hommes politiques. L'idée de rabbins enveloppés dans une cape, jetant des sorts, n'est rien d'autre que de vieux restes liés à l'édit d'excommunication qui jadis a frappé le peuple juif avec une ampleur inimaginable. Là encore, les objectifs sous-jacents à la pratique de la magie sont mal interprétés, notamment parmi les gens qui en ont peur et par les médias, prompts à s'emparer du sujet.

FOLKLORE EUROPÉEN

L'Europe dispose aussi d'un folklore riche en histoires de sorcellerie et autres malédictions. Le folklore italien est imprégné du concept *il malocchio* – en français, « le mauvais œil ». En d'autres termes, c'est le genre de regard que l'on vous lance quand on vous jalouse pour vos possessions ou vos réalisations. On dit d'ailleurs qu'un tel regard porte malheur, qu'il soit intentionnel ou non. De nos jours, nombreuses sont les sorcières à croire dur comme fer au caractère puissant du mauvais œil ; raison pour laquelle bon nombre de praticiennes font en sorte de le conjurer en portant des bijoux destinés à le repousser.

Citons un autre exemple, tiré cette fois de la mythologie celtique irlandaise. Une très belle jeune fille nommée Étain tombe amoureuse de Midir ; tous deux font partie de la tribu des Tuatha Dé Danann. Midir est victime d'une série de sorts jetés par Fúamnach,

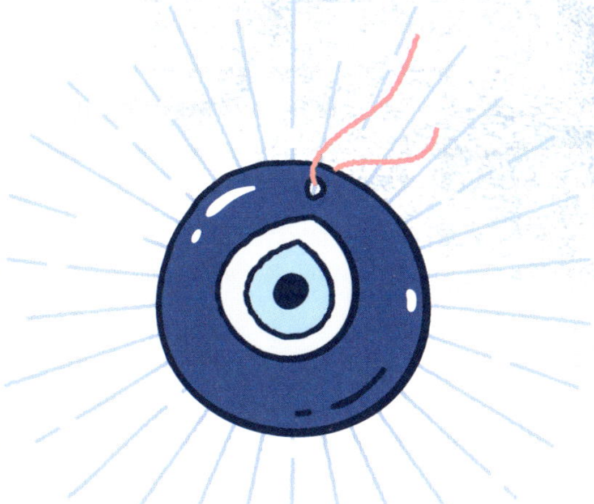

son épouse désormais bafouée et délaissée ; mais au lieu de passer à autre chose, Fúamnach entretient sa jalousie, tant elle est folle de rage de savoir Midir éperdument amoureux d'une autre. Elle va donc s'employer à détruire Étain – elle va la transformer en flaque d'eau, puis en ver, et enfin en mouche. Pourtant, Étain a beau avoir l'apparence d'une mouche, elle reste aux côtés de Midir, qui demeure totalement indifférent aux autres femmes. Frustrée et guidée par la volonté de se venger, Fúamnach fait lever un vent qui bannit Étain sur un rocher près de la mer pendant sept ans. La mer n'aura pas raison d'Étain, et celle-ci va continuer à être la cible des sorts de Fúamnach à de nombreuses reprises ; une légende qui illustre un cycle de lutte, de mort et de renaissance.

Vous constaterez le parallélisme flagrant entre envoûtements d'amour et ensorcellements. Incapable de lâcher prise, aveuglée par la rage, Fúamnach a finalement sacrifié sa vie entière en s'évertuant à détruire celle d'Étain. Mieux vaut s'en souvenir quand on s'apprête à jeter un sort de protection.

SORCIÈRES
D'AUJOURD'HUI

Sorcellerie et rituels de protection ont laissé leurs empreintes ; en attestent des séries télévisées telles que Charmed, *ou le succès d'*Harry Potter. *Ces œuvres, qui reflètent une vision moderne de la sorcellerie dans la culture populaire, ont pavé la voie pour que sa pratique soit vue d'un œil plus positif.*

Aujourd'hui, la sorcellerie a le vent en poupe ; et pour cause, elle permet à tous ceux qui la pratiquent de s'ouvrir à leur pouvoir intérieur, de retrouver la maîtrise de leur vie et d'influer sur leur environnement. Exemple, le sort jeté à Donald Trump après son élection, événement qui a défrayé la chronique. Déjà en 2016, les sorcières américaines s'étaient dressées contre lui. D'où la présence de #MagicResistance sur les réseaux sociaux pour exhorter des milliers de sorcières à l'empêcher de nuire. Le coup d'envoi a été donné aux douze coups de minuit le 24 février 2017 avec un rituel de masse.

Suite à sa nomination à la Cour suprême en 2018, Brett Kavanaugh a eu droit au même traitement. Publiquement accusé d'agression sexuelle par des célébrités – dont Lana Del Rey –, Kavanaugh est devenu, à la demande des intéressées, la cible d'un sort de blocage.
À signaler également, une affaire assez récente qui a donné lieu elle aussi à un rituel suivi par des milliers de sorcières scandalisées d'apprendre que Brock Allen Turner, violeur notoire, avait été condamné à une peine, des plus clémentes, de six mois de prison suite à une agression sexuelle perpétrée en 2016.

Ces exemples, qui brillent par leur modernité, montrent que les sorcières d'aujourd'hui n'hésitent pas à exercer leurs pouvoirs dès lors qu'à leurs yeux la justice est bafouée. Ces vagues de rituels récemment déployés sont significatives d'un appel général à concentrer l'énergie sur un plan collectif pour mieux atteindre l'objectif désiré : il s'agit de neutraliser quelqu'un (voir Chapitre V). L'intention sous-jacente à ces rituels collectifs est d'ériger une barrière empêchant les hommes de pouvoir d'établir un environnement nuisible aux citoyens.
À maints égards, ces pratiques de magie peuvent donc être considérées comme autant d'attaques anti-patriarcat.

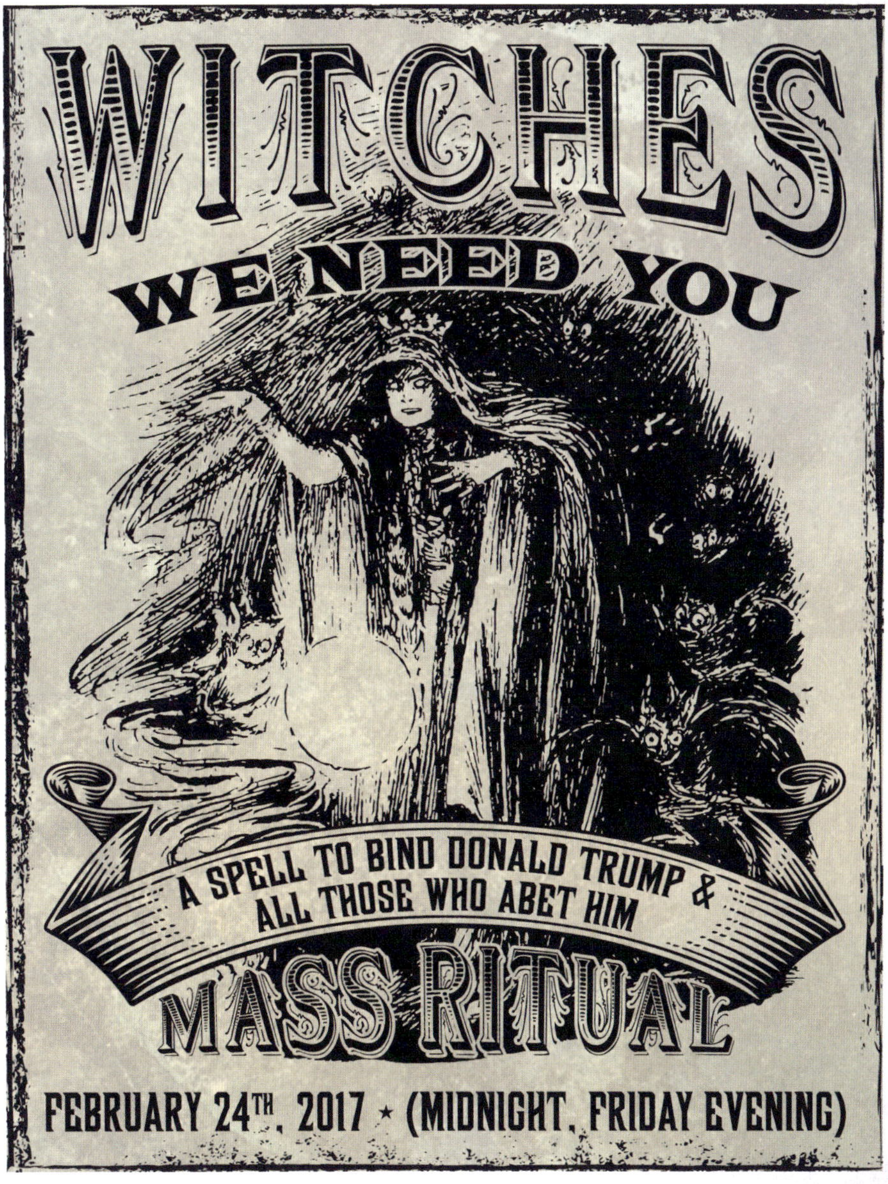
WITCHES
WE NEED YOU
A SPELL TO BIND DONALD TRUMP &
ALL THOSE WHO ABET HIM
MASS RITUAL
FEBRUARY 24TH, 2017 ★ (MIDNIGHT, FRIDAY EVENING)

LES TYPES DE SORTS

Classés en quatre catégories principales, ces sorts doivent être précédés d'un rituel de protection ; cela vaut pour chacun d'entre eux. Le paragraphe qui suit détaille ce rituel et chacun des quatre sortilèges – avec, en prime, les considérations éthiques de rigueur.

RITUEL DE PROTECTION

Qu'est-ce que c'est, au juste ?

Avant même d'envisager de jeter un sort, vous devez vous protéger. Ce type de travail provoquant une élévation des énergies, il est bien possible que vous n'ayez même pas à jeter de sort. En tout cas, il s'agit là de la première étape pour assurer votre protection. Ensuite, si vous voulez la renforcer, il vous faudra lancer un sort de neutralisation ou de congélation.

Quand est-il bon d'y avoir recours ?

Pour se préserver de la malveillance. C'est une nécessité, comme se brosser les dents ou boucler sa ceinture de sécurité en voiture.

Quand faut-il s'en abstenir ?

Cette pratique ne concerne que vous, elle n'a pas d'impact négatif sur autrui ; d'ailleurs, votre esprit en sera fortifié. À pratiquer quand bon vous semble.

LES SORTS DE NEUTRALISATION

Qu'est-ce que c'est, au juste ?

Un moyen d'empêcher quelqu'un de se faire du mal ou de nuire à autrui. Le sujet visé par le sort est comme figé dans l'immobilisme.

Quand est-il bon d'y avoir recours ?

Si le patriarcat, par exemple, s'évertue à commettre des actes malveillants alors que d'autres mesures de protection ont déjà été prises, un sort de neutralisation fait bien souvent l'affaire.

Quand faut-il s'en abstenir ?

Si la cible est plus gênante que réellement cruelle. Attention au libre arbitre d'autrui : n'envisagez une neutralisation qu'en dernier ressort.

LES SORTS DE CONGÉLATION

Qu'est-ce que c'est au juste ?

Le sujet est stoppé net dans son élan. Ce sort, qui nécessite l'emploi d'un bocal

ou d'un liquide gelé, est un autre moyen d'empêcher l'auteur d'exactions de sévir.

Quand est-il bon d'y avoir recours ?
Si le patriarcat prend des mesures d'intimidation vis-à-vis d'une sorcière ou de ses semblables ayant revendiqué d'autres convictions (politiques, par exemple).

Quand faut-il s'en abstenir ?
Si l'empêcheur de tourner en rond ne représente pas une menace ou un danger immédiats. Là encore, évitons d'interférer avec le libre arbitre d'autrui.

LES SORTS DE BANNISSEMENT

Qu'est-ce que c'est, au juste ?
Le moyen de maintenir une personne à l'écart et de s'assurer qu'elle ne pourra plus nuire.

Quand est-il bon d'y avoir recours ?
Au cas où quelqu'un persiste à provoquer des dégâts autour de lui, et qu'il n'y a aucun autre moyen de l'y faire renoncer.

Quand faut-il s'en abstenir ?
Si une sorcière est surtout en désaccord avec l'opinion d'autrui. À utiliser uniquement en cas de menace immédiate – faute de quoi, cela revient à jouer avec la destinée de quelqu'un en bouleversant le temps à l'échelle du divin.

LES RITUELS DE GUÉRISON

Qu'est-ce que c'est, au juste ?
Non requis par la personne qui en fait l'objet, il s'agit d'un envoûtement, car cela revient à manipuler son libre arbitre.

Quand est-il bon d'y avoir recours ?
Si la personne visée par le sort provoque, sans le vouloir, des dégâts collatéraux à cause de ses propres blessures.

Quand faut-il s'en abstenir ?
En cas de menace à court terme. Les sorts de guérison ont besoin de temps pour s'infiltrer et s'installer dans une situation.

J'EXERCE MA MAGIE OU NON ?

Chaque fois que se posera la question de recourir à la magie de protection, vous cheminerez sur le plan éthique ; sachez faire le distinguo entre contrariétés insignifiantes et mesures justifiées. De quoi vous hisser au rang de sorcière responsable – et vous élever à titre personnel.

Si dans votre for intérieur la nécessité de jeter un sort devait s'imposer comme une évidence, réfléchissez bien avant de passer à l'acte. Prenons comme exemple la loi sur le port d'armes aux États-Unis : il faut compter sept jours pour récupérer une arme après l'avoir achetée ; le but est de faire reculer la courbe des crimes passionnels. Or, l'art de jeter un sort exige de savoir donner du temps au temps. La comparaison peut vous sembler alarmante, mais je ne soulignerai jamais assez la puissance d'une intention quand elle est nourrie par une colère noire. Donc, si vous êtes au fond du trou suite à l'infidélité de votre chéri·e, tâchez de prendre le recul qui s'impose.

Assurez-vous du bien-fondé d'un passage à l'acte, faites le point sur le contexte ; de quoi éviter de faire l'amalgame – véritable oppression ou simple coup dur ? Cela exige abnégation et discernement, mais ainsi, vous pourrez faire la part des choses : votre cible mérite-t-elle de se voir bloquée par un sort, ou est-ce simplement un être humain qui a manqué de droiture à votre égard ?

La décision de jeter – ou non – un sort peut être facilitée en se posant des questions élémentaires. À qui a-t-on nui – à vous,

ou à autrui ? S'agit-il d'un acte malveillant prémédité et réitéré, destiné à vous porter préjudice – ou à nuire à d'autres gens ? Le tout est de définir une intention et d'être déterminée à changer la donne. À ce stade, vous devriez être capable de trancher et savoir quoi faire.

Le moment propice pour des travaux de magie est étroitement lié à une question de timing et d'intention. Si vous craignez qu'une personne ou qu'une institution s'apprête à prendre des mesures coercitives ou malveillantes, prenez les devants. Intervenez avant le déclenchement des hostilités pour les empêcher de se produire. N'hésitez pas à réitérer l'opération si la cible poursuit son œuvre, occupe toujours un poste de pouvoir ou est à l'origine d'actes odieux.

Les effets d'un sort peuvent être décuplés quand ils sont jetés à plusieurs reprises en fonction des lunaisons (page 114).

Cela dit, le bien-fondé d'une décision consistant à jeter un sort n'est pas toujours aussi limpide. Pesez le pour et le contre en tenant compte des autres options qui s'offrent à vous. N'oubliez jamais ceci : sachez repérer un acte intentionnel, consciemment reproduit ou entretenu. Ces précautions sont justifiées : un sort peut interférer avec le libre arbitre de la personne visée, résultat, vous feriez nettement plus de mal que de bien. Si vous sentez que c'est le cas, demandez à l'Univers de gérer la situation selon ses lois. Il est toujours possible de défaire un sort si besoin est ; mais rien ne pourra défaire le mal que vous aurez éventuellement causé.

MAGIE DÉFENSIVE OU OFFENSIVE ?

Utiliser la magie pour se défendre ou pour passer à l'attaque est une affaire de choix, en fonction de la gravité de l'atteinte et de la déontologie de la sorcière pratiquante. L'on entend, par magie défensive, un moyen de se protéger ; la magie offensive, quant à elle, est destinée à porter un coup. Personnellement, je recours en priorité à la magie défensive plutôt que de passer aux représailles ; car sachez que même un rempart – sorte de bouclier ou de barrière – peut avoir un impact négatif sur la vie d'autrui.

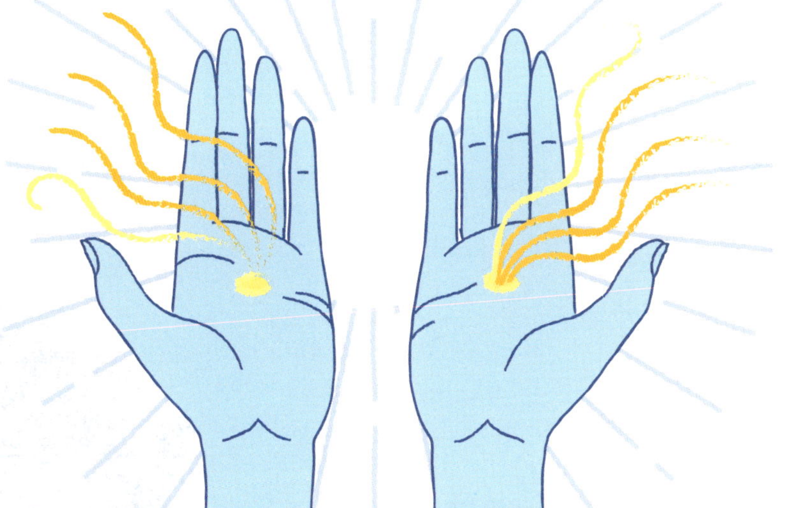

SACHEZ MAÎTRISER LES FLUX D'ÉNERGIE ; FAITES ATTENTION À CE QUE VOUS ÉMETTEZ ET À CE QUE VOUS CAPTEZ.

MAGIE DÉFENSIVE

- Entourez-vous d'un rempart de protection, du type amulette de protection (page 48) ou sigil (page 46) ; voilà qui vous mettra hors d'atteinte.
- Un sigil apposé au-dessus d'une porte va contribuer à préserver l'espace où vous pratiquez.
- Neutraliser par un sort une personne malintentionnée vous protégera de sa malveillance.
- Un sort de congélation permet de geler un projet à temps.
- Quel que soit le sort de bannissement, attendez-vous à créer de la distance entre votre cible et vous. Attention : cela pourrait l'inciter à accentuer ses sévices sur autrui.
- Un rituel de guérison peut permettre à quelqu'un qui vous oppresse de renouer avec son propre corps et, par conséquent, encourager une certaine distance.

MAGIE OFFENSIVE

- Un sort de neutralisation peut s'avérer offensif si un oppresseur a besoin de liberté pour passer à l'acte.
- Jeter le mauvais œil (page 21) sur un oppresseur lui attirera la malchance, ce qui détournera son attention de vous.
- Le recours à une poupée d'envoûtement (page 74) à l'effigie de votre oppresseur peut lui occasionner de la souffrance physique.
- Les sorts à base de vinaigre, de citron et de rognures d'ongles vont altérer l'environnement de votre oppresseur ; son chemin sera semé d'embûches.
- Un rituel de guérison peut lui aussi s'avérer offensif, car votre oppresseur ne désire peut-être pas s'en sortir ; il risque de beaucoup souffrir des inévitables conséquences psychologiques liées à cette guérison.

Du sort défensif au sort offensif, il n'y a parfois qu'un pas. La magie de protection prête toujours à conséquence ; d'où la nécessité de prendre du recul pour savoir s'il est judicieux de se lancer dans un rituel – ou pas. Gardez à l'esprit ceci : tout jeteur de sort s'expose à éventuellement en payer le prix fort – qu'il s'agisse de venir en aide à une multitude de gens ou de « sacrifier » une personne pour parvenir à un sauvetage collectif.

N'oubliez jamais : vous êtes responsable de vos décisions – ne les prenez pas à la légère.

2

UNE
MAGIE ÉTHIQUE

A priori, *on pourrait se demander ce que la magie de protection a en commun avec l'éthique ; et pourtant, il y a bel et bien moyen de faire preuve d'intégrité lors de travaux en lien avec des aspects plus sombres de cet art. Précisons que ce choix est vivement encouragé ! Dans ce chapitre, vous allez apprendre à créer votre propre code déontologique de façon à pratiquer en toute sécurité.*

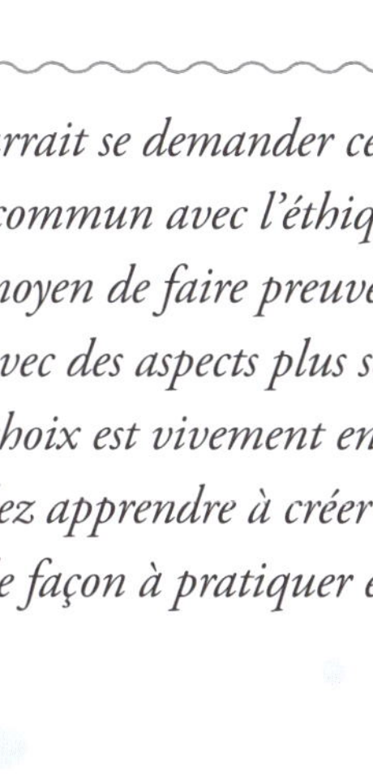

LA RÈGLE DE TROIS

Depuis longtemps, le chiffre 3 est mis à l'honneur pour les propriétés magnétiques qui lui sont attribuées. D'où les sentences « jamais deux sans trois » ou « ne faites jamais cela, sinon vous en paierez trois fois le prix ».

En numérologie, le chiffre 3 est associé à l'art, à l'imagination et à la communication. Côté astrologie, idem pour la Maison III, qui est reliée au signe des Gémeaux : c'est la maison des relations familiales, de l'expression et de la créativité. Les triples déesses apparaissent elles aussi sous trois facettes : vierge, mère et aînée. Merveilleux chiffre 3, qui évoque la communauté humaine et sa capacité à créer.

Les croyances qui entourent le chiffre 3 sont attribuées aux pratiques de la Wicca. À l'instar de nombreuses autres croyances, la Wicca est régie par un code moral, connu sous le nom de Rede – ou conseil – wiccan. Il s'articule autour d'un principe appelé Règle de Trois ou Loi du Triple Retour. D'après cette loi, toute énergie – positive ou négative – libérée dans l'Univers par quelqu'un lui reviendra multipliée par 3.

Exemple : si vous prenez à partie une personne qui vous a simplement bousculée dans la rue, l'énergie que vous avez émise vous sera renvoyée trois fois plus puissamment. Ne vous avisez pas de maudire la personne qui vous a percutée en lui souhaitant de subir le même sort : vous risquez d'être projetée sur la chaussée – potentiellement, sous les roues d'un bus.

Plutôt sévère, n'est-ce pas ?

Il arrive, à tort, que l'on confonde pratiques wiccanes et rituels de magie. La Wicca est une religion qui s'entoure de règles, de codes, d'initiations et de cérémonies. La sorcellerie quant à elle se conçoit sur un mode personnel et se vit davantage comme un art : toute sorcière peut s'adonner à la magie sur le mode qui lui sied le mieux. Par conséquent, la pratique de la

« SI PERSONNE NE BLESSES, FAIS CE QUE VOUDRAS. »

sorcellerie n'est pas dénuée de souplesse ; toutes les sorcières ne ressentent pas le besoin de souscrire à la Règle de Trois. Il s'agit simplement d'un code moral qui sert le plus grand bien. Il peut être judicieux, d'ailleurs, de comparer la Règle de Trois au concept de la punition selon les principes religieux de paradis et d'enfer. C'est le christianisme qui a créé ces deux pôles, symboliques de notre dernière demeure, pour illustrer les conséquences d'une vie où l'on n'a pas fait le « bien ». Globalement, ce principe rejoint la Règle de Trois. Selon certains, il s'agit là d'une tactique basée sur la menace pour obliger les gens à rester dans les clous ; d'autres y voient un phénomène inéluctable de la vie qui la rend très dure – ou éminemment heureuse.

Si vous croyez en la Règle de Trois, faites en sorte de la respecter à la lettre. Mais si cette notion ne vous interpelle pas, sentez-vous libre d'opter pour votre propre code éthique. En fin de compte, l'important est de choisir la voie qui vous convient le mieux et de la suivre. La ligne de conduite qui vous permettra d'honorer au mieux votre conscience sera aussi celle qui vous mènera vers la réussite ; un principe à retenir dès que vous pratiquez.

REDE WICCAN

Fidèle à la loi tu resteras,
En parfait amour et parfaite confiance.
En ces huit mots le Rede tu respecteras :
Si personne (tu) ne blesses,
fais ce que (tu) voudras.

☆☆☆

À la Loi du Triple Retour prends garde
Trois fois mauvais et trois fois bon
Suis ceci dans ton esprit et dans ton cœur,
Joyeuses tes rencontres et joyeux tes départs.

DÉFINIR UNE ÉTHIQUE PERSONNELLE

Le but de ce qui suit est de vous aider à établir votre propre charte éthique, à définir un ensemble de normes morales. Vous risquez de trouver cela difficile, mais nous ne sommes pas si souvent confrontés à des circonstances qui nous poussent dans nos retranchements et nous obligent à nous interroger sur notre sens de l'éthique.

Avant d'apprendre l'art de jeter un sort de protection, vous allez faire remonter les principes éthiques qui vous sont chers *via* un questionnaire. Lequel va peut-être vous rendre perplexe, voire s'avérer perturbant. D'où ce conseil : allez-y doucement, prenez des gants. Il ne faut pas répondre à la va-vite quand il est question d'exercer son ascendant sur la vie de quelqu'un. Chaque interrogation est déclinée en deux scénarios potentiels.

Scénario 1 Pensez à un être cher qui vous est proche. Imaginez que cette personne a subi un préjudice grave, perpétré par l'une de vos connaissances. Quelle est votre réaction profonde ? Avez-vous envie de lui rendre la monnaie de sa pièce ?

Prenez une grande respiration ; imaginez que la victime, c'est vous. Ressentez-vous exactement la même chose ? Notez-vous une pointe d'appréhension ? Avez-vous au contraire envie de vous venger ?

Ensuite, gardez le même scénario ; seule différence, la victime vous est inconnue. Comment réagissez-vous ? Est-ce que l'affaire vous semble moins importante ?

Ce scénario met en évidence les liens émotionnels et énergétiques sous-jacents à la vengeance. C'est une énergie extrêmement puissante, potentiellement lourde de conséquences. Pour savoir s'il est juste de jeter un sort, faites d'abord abstraction de vous-même au niveau émotionnel, puis impliquez-vous à fond : vous serez éclairée sur toutes les conséquences qui peuvent en découler.

Scénario 2 Imaginez un groupe de personnes brutalisées, voire blessées. Ce groupe est-il identifiable ? Quelle est l'appartenance ethnique de ses membres ? Leur religion ? Est-ce difficile à imaginer ou vous sentez-vous interpellée ? Frémissez-vous à l'idée de ces gens maltraités, ou décrétez-vous que vous n'y pouvez rien ?

Vous êtes directement concernée : c'est votre communauté qui subit des persécutions. Cela change-t-il la donne pour vous ? L'échelle de vos valeurs morales s'en trouve-t-elle modifiée si les événements vous touchent à titre personnel ?

Parlons des sorcières et de la politique, et des combats dans lesquels les nôtres sont engagées. Dans quelle mesure êtes-vous prête à vous battre quand un combat ne vous concerne pas ?

Ces questions doivent vous amener à comprendre où vous vous situez exactement ; elles doivent aussi vous encourager à élargir votre mode de pensée pour sortir des réactions impulsives dictées par votre état émotionnel.
Avis à toutes celles qui ont été bafouées en amour : n'imitez surtout pas Fúamnach (page 21) : vous êtes trop aveuglée par votre drame personnel pour être capable de voir clairement au-delà. Et si vous envisagez de jeter un sort susceptible de servir les plus Hauts Plans, de grâce, demandez d'abord conseil à vos anges.

VOUS OUVRIR À VOTRE MAGIE

J'aime souligner la puissance de la magie sur un plan purement pratique. Elle opère même si l'on s'attelle à la tâche la plus terre à terre qui soit ; une touche de magie suffit pour la rendre plus efficace et accentuer l'intention que vous lui prêtez, et cela, bien au-delà de vos attentes.

Beaucoup d'apprenties sorcières appréhendent un peu le moment de passer à la pratique ; et si, pour jeter un sort, il fallait s'enfoncer dans les bois pour cueillir des ingrédients chimériques ? Eh bien non : il suffit de recourir à notre puissance intérieure. Voici quatre manières de la canaliser au quotidien.

Posez des limites. C'est un acte magique particulièrement efficace pour faire céder quelqu'un à vos attentes. L'énergie ainsi mise en place va imprégner votre relation. Poser des limites, c'est avoir de l'ascendant sur l'attitude qu'autrui doit adopter à votre égard ; c'est aussi influencer sa façon de vous percevoir. Ce changement d'énergie va s'avérer protecteur à tous les niveaux, magique et pratique. Exemple : refuser de tolérer certains comportements ; taper du poing sur la table pour mettre un terme à un comportement inadéquat. Tout cela provoque une cassure énergétique palpable. Eh oui : vous venez d'ériger, sur un plan vibratoire, une barrière entre vous et des agissements nuisibles. Ce faisant, posez l'intention de vous protéger des comportements indélicats, et voilà : vous avez jeté un sort de protection.

Instruisez-vous. Appliquée à un plan pratique, la magie exige de l'instruction. D'ailleurs, la plupart des sorcières adorent lire ! Donc, si la sorcière en vous se mêle d'activisme politique, vous devez maîtriser le sujet et faire des recherches dignes de ce nom sur les causes auxquelles vous adhérez – et non jeter des sorts à l'aveuglette.

Cela va renforcer l'intention liée à votre objectif – d'ailleurs, la magie peut vous aider dans vos recherches : là encore, à vous de déclarer votre intention ! Pour ce faire, émettez l'intention de « trouver toutes les informations dont j'ai besoin pour me faire une opinion juste et exhaustive du sujet ». Un moyen de demander la guidance de l'Univers de façon à œuvrer au service du plus grand bien.

Faites appel aux mots. Rien de plus simple que les mots pour jeter un sort. Exemple : modifier la perception qu'ont les autres d'un sujet en particulier. Ce sera chose faite en rectifiant verbalement ce qui cloche. Si vous pensez être en mesure d'aider quelqu'un à rectifier une opinion, demandez la guidance de l'Univers pour trouver le courage d'être franche et de corriger ses propos. Cette démarche invoque un pouvoir supérieur au vôtre et agit au niveau des Plans les plus hauts. Ce recadrage a quelque chose de magique !

Votez en conscience. Voilà qui peut avoir une incidence énorme et s'avérer plutôt magique. Informez-vous, respectez vos convictions. Récitez un mantra ou une incantation pour donner du punch au tout ; une fois dans l'isoloir, formulez en pensée « que l'Univers et les forces cosmiques fassent advenir une issue propice au plus grand bien » ; votre vote en sera chargé énergétiquement. Gardez à l'esprit qu'en sorcellerie, tout est dans l'intention.

3

VOUS CONNECTER À VOTRE ÉNERGIE

La visualisation et la connexion à l'énergie qui est en vous sont deux incontournables : il faut savoir les maîtriser, sinon votre magie n'opérera pas. Avant d'envisager des travaux pratiques, plongez-vous dans les leçons de ce chapitre et exercez-vous en pratiquant la méditation, ou par le biais d'outils du type sigil, amulette ou potion.

PRATIQUES DE MÉDITATION

La méditation est un excellent moyen de vous centrer et de porter toute votre attention à la puissance qui vous habite. Méditer, ce n'est pas forcément observer une heure de silence ; à vous d'adopter une méthode qui répond à vos besoins. La méditation, comme l'exercice physique, doit se pratiquer régulièrement, avec constance. À force de méditer, vous allez muscler votre cerveau, résultat : vous serez capable de vous concentrer de plus en plus longtemps.

L'ancrage est, par excellence, le premier des nombreux moyens qui permettent de partir en méditation. Vous ancrer, c'est sécuriser vos énergies par le sol. Il est fréquent, au cours de la vie, de se retrouver en pilote automatique ou d'avoir la tête dans les nuages ; il peut en résulter des sensations d'angoisse ou de perte de contrôle. L'ancrage permet de gommer ces sensations en créant un enracinement énergétique qui nous fait revenir à la Terre et à l'instant présent. Vous pouvez travailler votre ancrage en station debout, yeux clos. Inspirez et expirez profondément ; sur l'inspiration, imaginez l'air traverser vos poumons et poursuivre son parcours jusqu'à la plante de vos pieds ; voyez-le se transformer en racines qui se fraient un chemin dans les profondeurs de la Terre, sécurisant ainsi votre centre. Vous êtes invitée à répéter ce mantra :

**« JE SUIS ANCRÉE. JE SUIS SOUTENUE.
JE FAIS CORPS AVEC LA TERRE. »**

La respiration permet de ressentir pleinement l'énergie. Ce réflexe tout simple, garant de la vie et du bien-être, passe souvent inaperçu ; pourtant, il est aussi capital dans la vie qu'en matière de magie. Posez d'abord l'intention de respirer en conscience ; prenez une bonne respiration pour vous centrer. Sur l'inspiration suivante, comptez jusqu'à 1, idem sur l'expiration. Puis comptez jusqu'à 2 sur l'inspiration et sur l'expiration. Continuez de compter ainsi jusqu'à 10 – essayez d'atteindre votre maximum. Imaginez votre dernière expiration se colorer d'un rouge ardent. Sentez aussi l'énergie monter en vous.

Faire un scan corporel en conscience : à pratiquer dans un lieu confortable comme le bain par exemple. Fermez les yeux, et après quelques respirations de centrage, portez votre attention sur le dessus du crâne. Descendez vers le front puis passez aux yeux, aux oreilles, à la mâchoire. Descendez vers le cou, puis les épaules, le long de vos bras, jusqu'au bout des doigts. Passez au torse, balayez en esprit votre tronc. Continuez vers le bas, concentrez-vous sur vos jambes jusqu'au bout des orteils. Explorer en conscience chaque parcelle de son corps, c'est aussi poser son attention sur les régions douloureuses ou soumises à des tensions ; en relâchant ces tensions, la capacité à se concentrer s'aiguise.

Rester concentrée lors d'une méditation, voilà qui est ardu ; et pour cause, nos pensées vagabondent sans cesse. Observez-les comme des nuages qui passent dans le ciel et reportez votre attention sur votre souffle – cela vous fait reprendre le contrôle de votre concentration. Tenez bon en comptant simplement jusqu'à 10. Chaque fois que le comptage s'interrompt, reprenez-le là où vous l'avez abandonné. Cette intention a le mérite de muscler le cerveau.

Équilibrer vos chakras. Cette technique de méditation plus avancée implique la visualisation. Les chakras sont des centres énergétiques situés à différents endroits du corps ; on peut les équilibrer en portant son attention sur la couleur qui leur est propre. Asseyez-vous confortablement. Portez votre attention sur le dessus du crâne, où se trouve le chakra coronal, et visualisez une lumière de couleur violette. Passez à l'espace juste au-dessus de vos yeux ou chakra du troisième œil. Visualisez une lumière indigo. Continuez ainsi en vous focalisant sur le chakra de la gorge, avec du bleu ; le chakra du cœur, avec du vert. Passez à la région en dessous du sternum, ou plexus solaire, baigné d'une lumière jaune. Puis concentrez-vous sur votre bas-ventre où se trouve le chakra sacré, voyez-le inondé d'une lumière orange. Enfin, posez votre attention sur la base de la colonne vertébrale, qui abrite le chakra racine, et visualisez un beau rouge brillant.

PRÊTE À RENFORCER VOTRE ATTENTION SUR CES CENTRES ÉNERGÉTIQUES ? RÉCITEZ LES MANTRAS QUI CORRESPONDENT À CHAQUE CHAKRA :

COURONNE « *Je reçois* »
TROISIÈME ŒIL « *J'ouvre* »
GORGE « *Je m'exprime* »
CŒUR « *J'aime* »
PLEXUS SOLAIRE « *J'ai le pouvoir* »
SACRÉ « *Je crée* »
RACINE « *J'ai confiance* »

La Colonne du Milieu

Avant mes travaux de magie, je pratique systématiquement ma méditation préférée, la Colonne du Milieu, exercice d'origine kabbalistique. Ici, l'attention est portée non pas sur sept mais sur cinq points clés du corps humain.

Cet exercice consiste en la répétition de syllabes hébraïques qui vont vous connecter à un être supérieur - Yahvé, en hébreu - tout en vous concentrant sur une lumière dont la couleur est spécifique à chacun des cinq points clés.

Focalisez-vous sur le chakra coronal. Au fil de trois respirations profondes, faites advenir une lumière blanche. Sur chaque expiration, dites *Eh-e-ieh* - *Eheieh* signifiant « je suis » ; sentez ces mots résonner dans votre poitrine.

Passez à votre gorge, respirez trois fois une lumière argentée qui grandit à chaque inspiration. Sur l'expiration, dites *Yuh-Hoh-Voh Eh-Loh-Heem*, ou *Yehova Elohim*, qui signifie « Seigneur Dieu ».

Passez à votre poitrine : illuminez-la d'une lumière dorée, en psalmodiant *Yuh-Hoh-Voh Elhoa-Ve-Da-Ath*, qui signifie « connaissance et sagesse ».

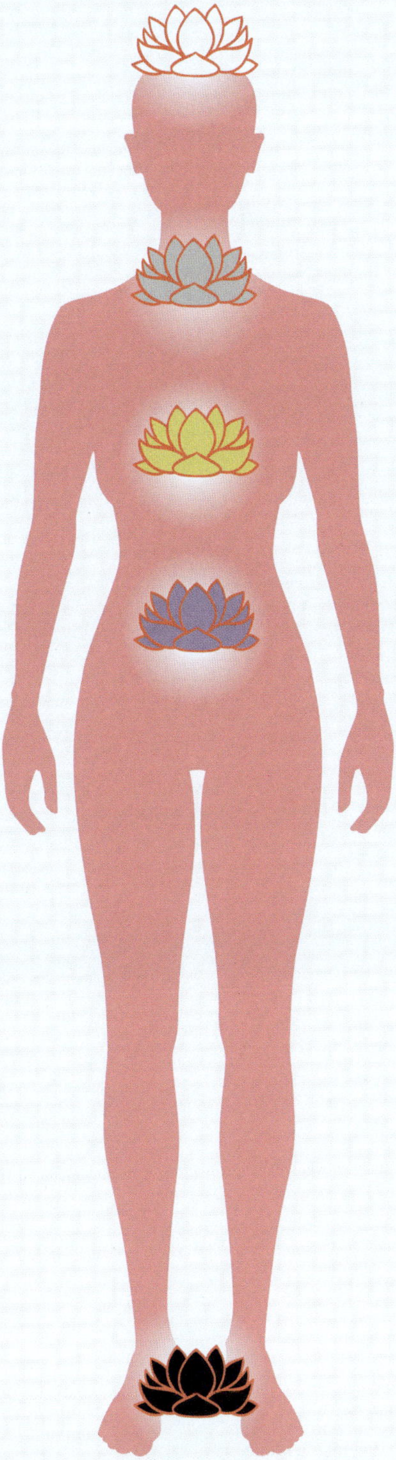

Inondez votre ventre d'un pourpre brillant ; répétez *El-Shaddai El Hai* – « Dieu tout-puissant ».

Passez à vos pieds, focalisez-vous sur un orbe noir qui gonfle. Récitez *Ah-Doh-Nai ha-ah-Retz* – « Seigneur de la Terre ».

A priori, c'est comme si l'on s'autorisait à être Dieu ; ce qu'il faut retenir, c'est que notre connexion les uns aux autres fait de nous un seul être. Chacun peut exercer son pouvoir sur sa vie et sur son corps ; gardez cela à l'esprit.

Au début, pour faire cet exercice, j'avais des notes à portée de main de façon à mémoriser syllabes et couleurs correspondant à chaque chakra – certes, c'est du travail, mais à force d'entraînement, vous y arriverez.

Une fois au point, vous apprendrez à faire circuler l'énergie : activer chaque chakra selon la méthode ci-dessus, puis voir chaque orbe diffuser sa lumière en cascade le long du côté droit ; enfin, remonter le long du côté gauche au rythme de la respiration. Personnellement, je compte jusqu'à 10 lors de l'expiration le long du côté droit, ainsi que lors de l'inspiration sur le côté gauche. C'est un moyen de sentir l'énergie circuler à travers le corps – et ainsi, contacter sa puissance intérieure.

SIGILS

Un sigil est un sceau ou symbole magique chargé d'une intention particulière. Très faciles à réaliser, les sigils font partie de l'univers des sorcières depuis des siècles. Pour faire les vôtres, munissez-vous simplement d'un stylo et d'une feuille de papier.

À l'époque médiévale, les grimoires contenaient des sigils ; ce nom nous vient du latin, *sigilum*, ou « signature ». Si les sigils du Moyen Âge représentaient généralement des esprits, des anges ou des démons, ils symbolisaient aussi les éléments. Il faudra attendre le XVIIe siècle pour que paraisse, par exemple, la version anglaise d'un traité de magie rituelle intitulé *La Petite Clé de Salomon*, lequel contient soixante-douze sigils représentant des démons. Ne confondez pas sigils et runes nordiques, qui sont elles aussi des symboles ; pour fabriquer un sigil, il faut le charger d'une intention, tandis que les runes constituent un alphabet dont chaque item revêt un sens particulier.

ÉTAT D'ESPRIT POSITIF ET CONCISION SONT DE RIGUEUR POUR FABRIQUER UN SIGIL.

À première vue, donc, un sigil est un symbole tracé par une sorcière qui l'imprègne d'une intention particulière. On peut en fabriquer pour influencer tous les domaines de la vie. À l'instar des sorts que nous avons passés en revue précédemment, nous ferons de même pour créer un sigil de protection (page 64).

État d'esprit positif et concision sont de rigueur pour fabriquer un sigil. Selon moi, leur magie opère au mieux quand ils sont conçus dans un cadre positif et productif. Au lieu d'émettre l'intention « Ne pas perdre d'argent à cause des autres », essayez de colorer votre intention avec ce que vous désirez, par exemple : « Que mon capital soit parfaitement protégé. » Autre impératif, composez des phrases courtes, vous pourrez toujours affiner votre intention en la redéfinissant dans le sigil par la suite. Vous pouvez placer vos sigils dans un calepin, les tracer sur votre visage avec du fond de teint avant de l'étaler ou les graver sur votre autel. Évitez les digressions qui vont rendre votre objectif confus. Concentrez votre intention sur une seule phrase, courte et concise. Vous comprendrez pourquoi la concision joue un rôle primordial en apprenant à réaliser vos propres sigils un peu plus loin.

CHARGER VOTRE SIGIL

Il faut charger votre sigil, c'est-à-dire l'imprégner de votre énergie, opération qui permet de l'activer. En vous entraînant aux techniques de méditation décrites ci-dessus, vous serez en mesure de canaliser l'énergie de vos chakras (pages 40-43) pour la diffuser dans l'objet de vos désirs. Ensuite, à vous d'imaginer ce concentré d'énergie s'écoulant dans votre sigil en y mettant toute votre attention ; vous pouvez même gagner en puissance en communiquant au sigil la chaleur de vos mains après les avoir frottées rapidement l'une contre l'autre. Mais vous pouvez aussi prélever un peu de votre salive pour consacrer votre sigil. Ne soyez pas trop rebutée par ce procédé ; la salive de sorcière est réputée pour sa puissance. D'ailleurs, elle figure sur la liste d'ingrédients de nombreux sorts !

AMULETTES

Très puissante en matière de protection, l'amulette est un outil que l'on active en la chargeant de notre énergie. Pour beaucoup, une amulette ressemble forcément à l'un de ces antiques objets ornés de pierres précieuses avec des inscriptions en araméen ; pourtant, n'importe quel objet peut être transformé en amulette, du moment que l'on peut le porter sur soi !

Dans l'univers de la magie, une amulette fait généralement office de rempart de protection. Les sorcières en portent une sur elles pour se garder de la malignité. Créer une amulette exige seulement de consacrer un objet porteur de votre énergie.

Le choix de votre amulette dépend de votre intention. Si vous vous sentez attirée par un objet précis, suivez votre intuition et utilisez-le comme rempart. Faites-en un collier en le nouant à une cordelette ou optez pour une breloque à garder dans votre poche. Bracelets et boucles d'oreilles font aussi l'affaire ; eh oui, sorcellerie et créativité sont étroitement liées !

S'il s'agit d'assurer votre protection, tenez compte de ce qui peut amplifier la puissance de votre amulette. Qui a possédé cet objet avant vous, quelles sont sa couleur et sa forme ? Par exemple, j'ai chargé une pince à billets héritée de mon grand-père, un homme intègre, pour en faire une amulette d'abondance. Cette amulette était parfaite, car déjà formatée pour l'abondance financière. Faites de même avec votre amulette : si vous vous en procurez une de couleur noire, vous en ferez votre alliée pour sa capacité à absorber la négativité. Autre possibilité, optez donc pour un symbole spécifique à la divinité de votre choix (page 124). En procédant ainsi, vous ne pouvez pas faire fausse route !

CHARGER VOTRE AMULETTE

INSTRUCTIONS

1. Pour charger votre amulette, il suffit de lui injecter votre intention par transmission d'énergie. Vous connaissez les principes de base ; reste à canaliser l'énergie en chargeant l'amulette de votre intention. Entretenez un état d'esprit calme et centrez votre énergie en veillant à être bien ancrée (page 40). Ensuite, focalisez votre regard intérieur sur votre intention.

2. Amulette en main, commencez à lui transférer votre énergie. Pour ce faire, vous pouvez la frotter rapidement entre vos mains pour créer de la chaleur ; ou alors, visionnez votre énergie en train de se déverser directement dedans.

3. Une fois que l'amulette est chargée de votre intention, portez-la sur vous dès lors que vous pensez avoir besoin d'être protégée. Si elle se brise, cela signifie que votre amulette a probablement rempli son office – notamment, en vous protégeant de forces extérieures. Si votre amulette est hors d'usage, trouvez-en une nouvelle et chargez-la à son tour.

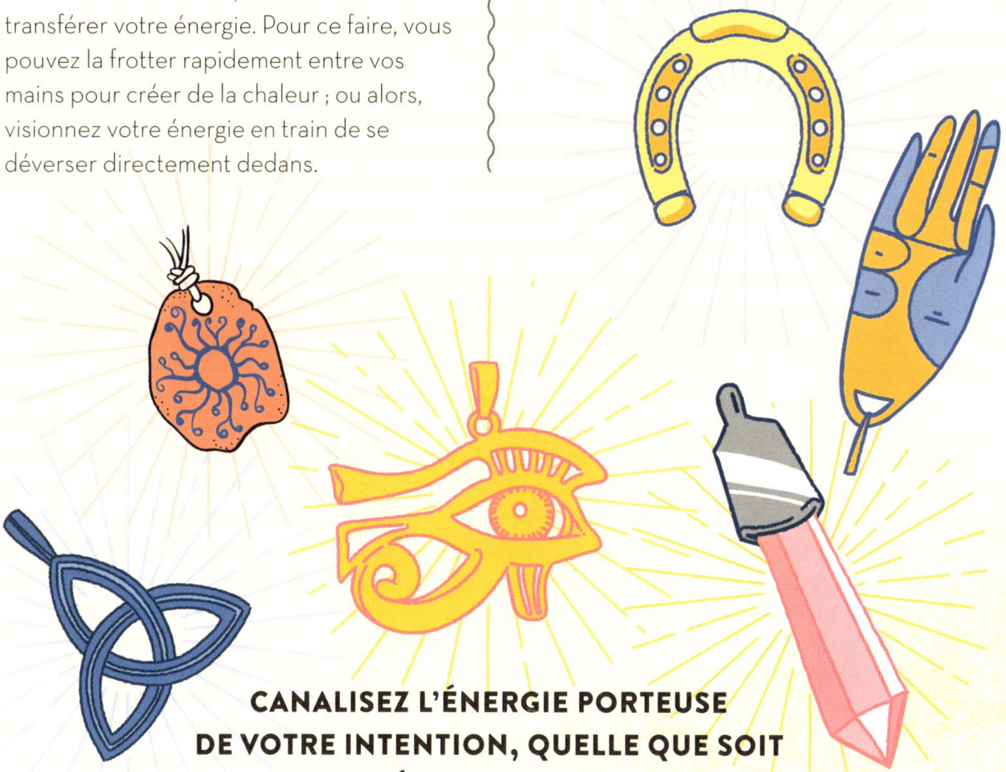

CANALISEZ L'ÉNERGIE PORTEUSE DE VOTRE INTENTION, QUELLE QUE SOIT LA MÉTHODE CHOISIE.

POTIONS

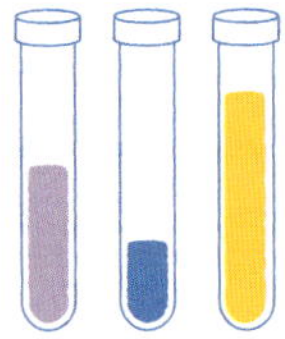

En voilà un excellent moyen de « porter » une protection, puisque vous pouvez vous oindre d'une potion absolument partout ! De quoi vous permettre, en plus, de concocter un breuvage dans un chaudron et de vous la jouer joyeusement Hocus Pocus. *Faciles à préparer, ces potions ne vont pas envahir votre cuisine de vaisselle sale – seule précaution à prendre en compte, vos allergies, si vous en avez.*

CONCENTREZ VOTRE ÉNERGIE DANS LA MIXTURE : SA PUISSANCE VOUS SERA ACQUISE.

Pour fabriquer un philtre, il suffit de mélanger la plante aromatique de votre choix avec de l'eau en y mettant toute votre intention ; en option, ajoutez quelques gouttes d'huile essentielle. Les herbes de protection que je préfère sont faciles à trouver ; achetez-les séchées ou fraîches. À la fin de ce livre, vous trouverez une liste de plantes dans laquelle piocher pour faire vos emplettes (page 120) ; c'est parti pour une recette simple avec du basilic, ma plante préférée.

CONCOCTER VOTRE POTION

Mettez à bouillir une tasse remplie d'eau. Ajoutez une poignée de basilic séché, réduisez la chaleur pour que l'eau frémisse. Le temps que le basilic imprègne l'eau de son énergie, remuez la potion dans le sens des aiguilles d'une montre et visualisez une énergie de protection qui s'écoule de votre esprit dans la casserole ; ou murmurez une incantation en vous focalisant sur l'eau – selon votre inspiration. Quand les feuilles de basilic sont imbibées d'eau, ça y est, votre potion de protection est prête !

Reste à la filtrer dans une bouteille, à conserver à température ambiante. Attention, certaines potions ne tiennent pas dans le temps. Cette recette vaut pour toutes les plantes ; l'ajout d'huiles essentielles doit se faire en fonction de votre intention. Agrémentée de sel de mer, votre potion aura des vertus purifiantes.

CONSEILS D'UTILISATION

Les sorcières utilisent leur potion de différentes manières. On peut en oindre ses poignets un peu comme du parfum, ou la répandre en spray chez soi pour appeler l'énergie de protection à se diffuser sous son toit. Faites de même dans votre voiture, elle favorisera votre sécurité sur la route. L'essentiel est de concentrer votre énergie dans la mixture : sa puissance vous sera acquise.

4

RITUELS DE PROTECTION

Servez-vous de la magie afin de vous protéger ***avant*** *de passer éventuellement à l'offensive. Ne sautez pas cette étape : mieux vaut envisager les grands moyens en tout dernier ressort.*

Notre travail se focalisant sur les énergies et leur manipulation, esprits et autres présences de l'invisible adorent s'en mêler. Votre cause fait en effet l'objet de réactions fortes, qu'elles lui soient favorables ou non. Imaginez-les se propulser tous azimuts dans l'air comme autant de flèches, et vous aurez une idée de ce qu'est le chaos énergétique.

Une fois entourée d'une bulle de protection énergétique, vous serez à l'abri de toute cette agitation ; vous n'aurez plus qu'à vous concentrer sur votre intention et la diriger sur votre objectif. Certaines sorcières utilisent le traditionnel cercle pour créer un espace protégé dans lequel faire leurs travaux. D'autres optent pour des méthodes différentes – en voici quelques-unes, au choix. À vous d'en disposer soit pour vous protéger, soit en prélude à des sorts plus élaborés. Pour chacun des rituels ci-dessous, découvrez le moment propice à sa réalisation en tenant compte du cycle lunaire et de l'astrologie (page 114) ; autant de paramètres qui permettront d'optimiser la puissance de ces rituels.

VISUALISER UNE GRILLE CRISTALLINE

Je ne commence jamais une journée sans faire appel aux énergies de protection via *une simple méditation, qui m'a été inspirée par l'Arbre de Vie kabbalistique ou arbre sephirothique. Cette méditation vous fera contacter les centres de conscience («* sephiroths *») inhérents à ce concept ; je vous enseignerai comment l'utiliser, notamment pour vous protéger. Si j'aime clore ma méditation en visualisant une grille cristalline, rien ne vous empêche de procéder autrement, en fonction de vos besoins.*

J'imagine que si vous vous êtes entraînée à l'exercice de la Colonne du Milieu (page 44), l'usage de mots hébreux affectés à un cérémonial de magie vous est devenu familier – que vous en soyez consciente ou non. Si celui de l'Arbre de Vie kabbalistique lui ressemble beaucoup, il est un peu plus complexe. Dans ce rituel, il faut nommer les centres énergétiques présents sur votre corps. En cela, il diffère de la Colonne du Milieu, qui consiste en l'invocation d'une énergie supérieure. La technique de l'Arbre de Vie vise aussi à passer en revue dix points de votre corps – voir le diagramme de la page 57 –, alors que celle de la Colonne du Milieu en compte cinq. Il vous faudra donc assimiler quelques notions supplémentaires pour vous habituer à cette pratique.

INSTRUCTIONS

1. Comme dans la Colonne du Milieu, focalisez-vous sur le dessus de votre tête, où vous faites grandir une lumière blanche sur l'inspiration ; procédez ainsi à trois reprises chaque fois que vous passerez au centre de conscience suivant. Vous êtes connectée à votre couronne – *Kether* en hébreu, point d'entrée de la lumière divine dans votre corps physique.

2. Voyez cette lumière se relier au centre de conscience de votre tempe droite – *Chokmah*, source de sagesse ; on lui prête des énergies cérébrales masculines. Acheminez ensuite la lumière vers la tempe gauche pour la déposer sur *Binah* – source de compréhension et de connexion au féminin.

3. Votre tête, irradiant de lumière, vibre d'énergie à chaque inspiration. Transportez la lumière vers votre épaule droite – *Chesed*, centre de la clémence et de l'amour. Faites de même pour votre épaule gauche – *Gueburah*, attribut de la sévérité et du jugement sans concession. Connectez tous ces centres illuminés à la région du plexus solaire, centre des émotions – *Tipheret*, qui régit la beauté et le soi de la personnalité, ou ego.

4. À partir du plexus, connectez la lumière blanche à votre hanche droite, siège de *Netzach*, ou victoire. Poursuivez vers la hanche gauche – *Hod*, symbole de la splendeur ; puis vers *Yesod*, qui régit les fondations au creux de votre pelvis. Ces trois derniers centres sont synonymes d'ascension vers un plan supérieur. *Netzach* demande à vos émotions d'évoluer pour en finir avec des ressentis qui vous tirent vers le bas ; *Hod* fait référence à la magie mentale, *Yesod* régit le subconscient.

5. Envoyez le rayonnement de ces neuf centres vers vos pieds – *Malkuth*, ou royaume. C'est la connexion qui, dans la dimension terrestre, relie le divin au plan matériel.

6. Certes, ce processus prend du temps, mais si vous êtes assidue, vous finirez par le mémoriser. Inutile de nommer à voix haute les centres de conscience ; mais il est bon de savoir à quoi ils sont associés au fil du voyage dans votre corps.

7. Cet exercice ayant pour but de s'ancrer et de connecter les plans spirituel et matériel, j'en fais aussi un rituel de protection quotidien du matin sous la forme d'une grille cristalline déployée tout autour de moi ; je respire d'abord consciemment dans chacun de mes centres de conscience. Lorsque je sens la connexion divine établie, j'appelle chaque centre à rayonner de façon à former un réseau cristallin enveloppant tout mon corps. Tout en le visualisant, je demande à être protégée de la malveillance. Je baigne dans l'énergie de cette grille de protection quelques instants, puis je la laisse se dissoudre lentement. Si je me sens en insécurité dans la journée, je la fais resurgir en esprit et j'invoque ses énergies de protection. Plus on pratique cet exercice, plus cela devient facile.

8. Pour finir, appelez la lumière à se matérialiser à nouveau sur tout votre corps et faites-la rejaillir vers l'Univers. Cette étape permet de sceller votre grille sur le plan spirituel.

La méthode de l'Arbre de Vie est une suggestion, mais toute autre technique peut faire l'affaire. À vous de jouer pour construire votre propre grille, l'essentiel étant de vous sentir à l'abri. Vous pouvez par exemple faire appel à certains anges, à des divinités, à des ancêtres ou bien à des structures géométriques – c'est selon.

CERCLE DE PROTECTION DES SORCIÈRES

Mettez-vous face au nord, index pointé vers l'extérieur. Voyez une lumière blanche jaillir de votre index ; tournez sur vous-même trois fois dans le sens des aiguilles d'une montre en invoquant la Terre, l'Air, le Feu, l'Eau et l'Éther. Vous voilà bien à l'abri dans votre cercle pour pratiquer vos rituels. Pour le fermer, remerciez les éléments en tournant, cette fois, dans le sens inverse des aiguilles d'une montre.

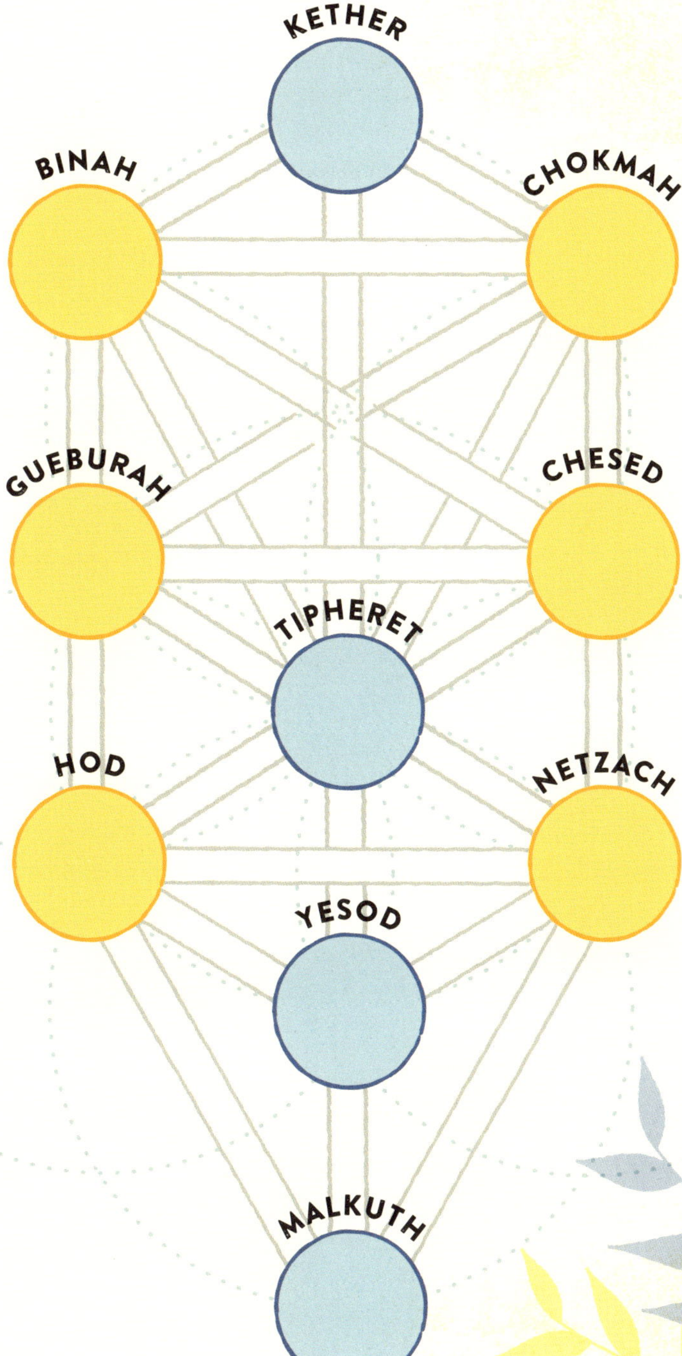
KETHER
BINAH
CHOKMAH
GUEBURAH
CHESED
TIPHERET
HOD
NETZACH
YESOD
MALKUTH

RITUEL DE LA BOUGIE NOIRE

Ce sortilège sera facile à réaliser dès lors que vous aurez appris à faire appel à votre énergie. Vous n'aurez pas à vous mettre en quête d'ingrédients difficiles à trouver, le matériel requis est des plus courants. Si vous n'arrivez pas à vous procurer une bougie noire, sachez qu'une blanche fera parfaitement l'affaire. Bien évidemment, attention aux risques d'incendie. Au moment d'éteindre votre bougie, faites en sorte d'étouffer la flamme au lieu de souffler dessus – sinon, cela reviendrait à faire disparaître votre intention. Ne le faites que si votre intuition vous le dicte.

PROCUREZ-VOUS

- De l'huile de basilic
- Une bougie noire, peu importe sa taille
- Un briquet ou des allumettes

MOMENT PROPICE

Ce rituel étant destiné à vous protéger, il se pratique soit à la nouvelle lune, soit dans sa phase de croissance. Une lune en signe de Feu attire la protection, surtout lors des rituels avec une bougie.

INSTRUCTIONS

1. Commencez par vous envelopper de votre grille de protection, ingrédients compris. Procédez à votre ancrage, sentez vos pieds s'enraciner puissamment dans le sol. De là, parcourez votre corps en conscience jusqu'en haut, notez toute sensation éventuelle d'inconfort. Une fois que vous vous sentez en sécurité, prenez en main la bougie et l'huile de basilic.

2. Enduisez vos paumes de deux ou trois gouttes d'huile et, ce faisant, imprimez dans ce geste une intention de protection.

3. Prenez la bougie et enduisez sa surface d'huile en partant de chaque extrémité en direction de son milieu, tout en vous concentrant sur votre intention, c'est-à-dire être protégée.

4. Posez la bougie enduite d'huile de façon à l'allumer en toute sécurité. Portez votre attention sur sa mèche en l'enflammant et dites : « J'appelle à moi les forces de protection et de bannissement ; qu'elles me gardent des personnes malfaisantes. »

5. Puis, concentrez-vous intensément sur la flamme et autorisez-vous à vous plonger dans un état proche de la transe.

6. Restez ainsi quelque temps, puis sortez de votre méditation en claquant une fois des mains ; enfin, scellez votre grille selon le moyen qui vous semble le plus adapté.

7. Laissez la bougie se consumer entièrement ; vous savez que tout est accompli.

GOMMAGE AU SEL NOIR

Hyperexfoliant et nourrissant pour la peau, le gommage au sel noir est un formidable moyen de vous protéger contre les ragots et autres médisances. Je lui associe volontiers la fameuse comptine américaine I am rubber, you are glue *– littéralement, « je suis caoutchouc, tu es glu » ; elle illustre le fait que la méchanceté rebondit sur moi (le caoutchouc) pour revenir se coller sur son émetteur (le « tu » de la comptine). Eh oui, le gommage en soi constitue un acte de défense. Seule précaution à prendre : assurez-vous de ne pas présenter de blessures ouvertes, sinon elles vont s'irriter au contact du sel. Une fois que le gommage est chargé de votre intention, conservez-le au réfrigérateur. Le froid empêchera le citron, ingrédient du charme, de se corrompre, et de libérer une énergie corrosive dans votre rempart de protection.*

PROCUREZ-VOUS

- 1/4 de tasse de sel marin noir
- 1/2 citron fraîchement cueilli
- 1 grande c. à s. d'huile de noix de coco
- Un bol mélangeur, une spatule

MOMENT PROPICE
Ce rituel étant très efficace pour bannir les énergies indésirables, il est bon de le pratiquer à l'apparition de la lune sombre, lors de la toute dernière phase de la lune décroissante.

INSTRUCTIONS

1. Commencez par vous ancrer selon votre méthode préférée, tous vos ingrédients à portée de main.

2. Versez le sel marin noir dans le bol. Rien de tel que le sel marin noir pour nettoyer, bannir et protéger.

3. Ajoutez le jus du citron ; le citron est réputé pour ses vertus purifiantes.

4. Enfin, ajoutez l'huile de noix de coco au mélange. Étroitement liée à la Lune, la noix de coco va vous aider à faire appel aux énergies de votre subconscient.

5. Maintenant, mélangez les ingrédients dans le sens antihoraire en murmurant trois fois au-dessus du bol :
« Que les énergies négatives soient frappées de bannissement. »

6. Votre gommage est non seulement prêt, il est aussi chargé de votre intention : il est temps de filer prendre une douche !

7. Quand vous êtes prête à vous doucher, entourez-vous d'abord de la grille de protection de votre choix.

8. Gommez votre corps avec le mélange en prenant soin d'effectuer des cercles qui vont dans le sens inverse des aiguilles d'une montre. En même temps, imaginez que tous les propos négatifs émis à votre intention sont en train de se déloger de votre peau.

9. Quand vous procéderez au rinçage, voyez les propos calomnieux mêlés à l'eau s'écouler jusqu'au dernier.

10. Il ne vous reste plus qu'à vous doucher comme d'habitude, et à dissiper la grille de protection à votre guise.

AMULETTE EN OBSIDIENNE

S'agissant d'une pierre de guérison qui a traversé les âges, rien de tel qu'une obsidienne montée en amulette pour renforcer votre protection. Comme il peut s'avérer difficile de mettre la main sur celle qui est faite pour vous, ouvrez bien l'œil pour ne pas passer à côté de celle qui vous interpellera. Astuce : posez l'intention de trouver l'obsidienne qui vous protégera le mieux en appelant à sa manifestation. Le jour où vous mettrez la main dessus, vous saurez qu'elle vous a été envoyée pour vous protéger. Elle n'en sera que plus puissante puisque c'est l'Univers qui vous aura guidée vers elle.

PROCUREZ-VOUS

- Une obsidienne déjà percée ou montée en bijou
- Une cordelette noire d'environ 90 cm de long

MOMENT PROPICE

Ce charme étant parfait pour poser une intention de protection, réalisez-le en lune croissante ou à la nouvelle lune – et portez-le en permanence ensuite.

INSTRUCTIONS

1. Commencez par vous envelopper de votre grille de protection, objets compris, avant de vous ancrer.

2. Tout en tenant votre merveilleuse obsidienne entre les mains, imprégnez-la de votre énergie.

3. Imaginez que l'énergie divine émanant de votre grille de protection se déverse directement dans le cristal pour décupler ses propriétés de protection et vous mettre à l'abri de toute malfaisance.

4. Quand votre intuition vous soufflera que vous avez envoyé suffisamment d'énergie, enfilez la cordelette noire dans votre obsidienne pour en faire un collier.

5. Nouez votre amulette autour du cou : faites un triple nœud à l'arrière en référence à la triple déesse.

6. Une fois qu'elle est bien en place, asseyez-vous et permettez à votre obsidienne de se connecter au centre de votre cœur.

7. Accordez-vous un peu de temps, puis faites disparaître votre grille de protection. Pensez à garder votre amulette autour du cou dès que vous ressentez le besoin d'être protégée. Vous pouvez la porter quand vous dormez ou sous la douche, mais ce n'est pas impératif. Enfin, si votre obsidienne se brise, c'est parce qu'elle aura rempli son office ; il ne vous restera plus qu'à réitérer ce rituel avec une nouvelle pierre.

SIGILS DE PROTECTION

De tout temps, les sorcières ont eu recours aux sigils, symboles portant une charge magique destinée à maintenir une intention spécifique comme protéger, guérir et obtenir la manifestation d'une demande. Les sigils ont beau être faciles à fabriquer, ils sont extrêmement puissants.

MAGIE SIGILLAIRE

Pour créer un sigil, il suffit d'écrire l'objectif que l'on s'est fixé et d'agencer les lettres qui composent cet objectif en un ensemble esthétique. Tout dépend de votre style ; quand vous créez un sigil, laissez s'exprimer l'artiste en vous. Vous pouvez choisir de procéder en fonction d'une rose sigillaire (*witch's wheel* en anglais, la roue de la sorcière), laquelle peut être source d'inspiration pour arranger vos lettres ; faites comme il vous plaira. Il est cependant essentiel de comprendre qu'un sigil est le réceptacle de votre intention ; il entre en résonance avec vous, car il est imprégné de l'enchantement que vous avez mis en place (page 47). Quand vous avez fini de composer votre sigil, vous pouvez reproduire ce symbole magique à loisir sur n'importe quel support, sur toutes les surfaces que vous voulez mettre en contact avec sa magie. Vous pouvez également le graver sur une bougie, le dessiner dans votre grimoire et même le reproduire sur votre peau à l'aide d'un fond de teint ou d'une huile ; étalé en même temps que vos produits de beauté, il sera absorbé par votre peau.

INSTRUCTIONS

1. Écrivez votre intention

En matière de protection, il faut veiller à bien choisir les termes qui expriment une intention. Par exemple, une demande du type « Protège-nous du danger, mes concitoyens et moi » peut être mal interprétée ; le danger qui menace les uns ne menace pas forcément les autres. Dans ce cas, mieux vaut dire : « Protège-nous des suprémacistes blancs, mes voisins et moi. » Voilà qui est sans ambiguïté pour l'Univers.

Repérez vos lettres

Maintenant que votre intention est posée – dans notre cas, « Protège-nous des suprémacistes blancs, mes voisins et moi » –, retirez-en toutes les voyelles. Vous obtiendrez le résultat suivant :

PRTGNSDSSPRMCST
SBLNCSMSVSNSTM

2. Procédez maintenant à une réduction

Enlevez toutes les consonnes qui se répètent.

PRTGNSDMCBLV

Ce sont les lettres dont vous vous servirez pour fabriquer votre sigil.

3. Donnez une forme à votre sigil

Il est recommandé aux novices d'utiliser une rose sigillaire pour ordonner leurs lettres – reportez-vous au schéma de la page suivante. Il suffit d'entourer les lettres correspondant à celles de la rose. Quand votre rose est faite, vous voilà prête pour y poser votre charge et procéder à sa consécration (page 47). Et voilà ; vous n'avez plus qu'à placer ce sigil dans votre voisinage, il protégera votre communauté.

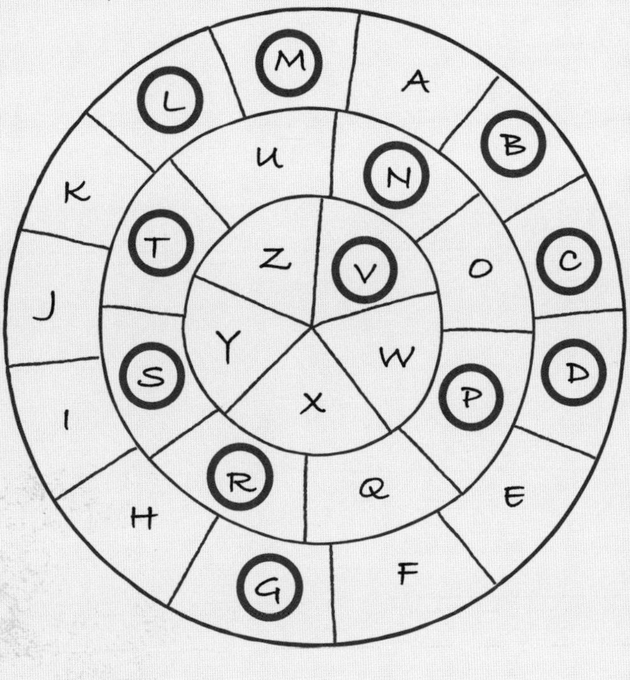

ROSE SIGILLAIRE

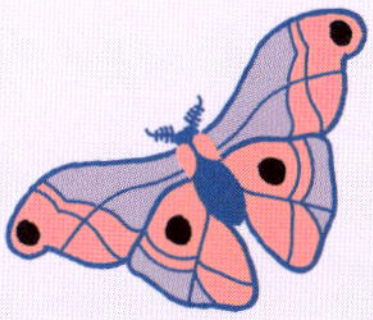

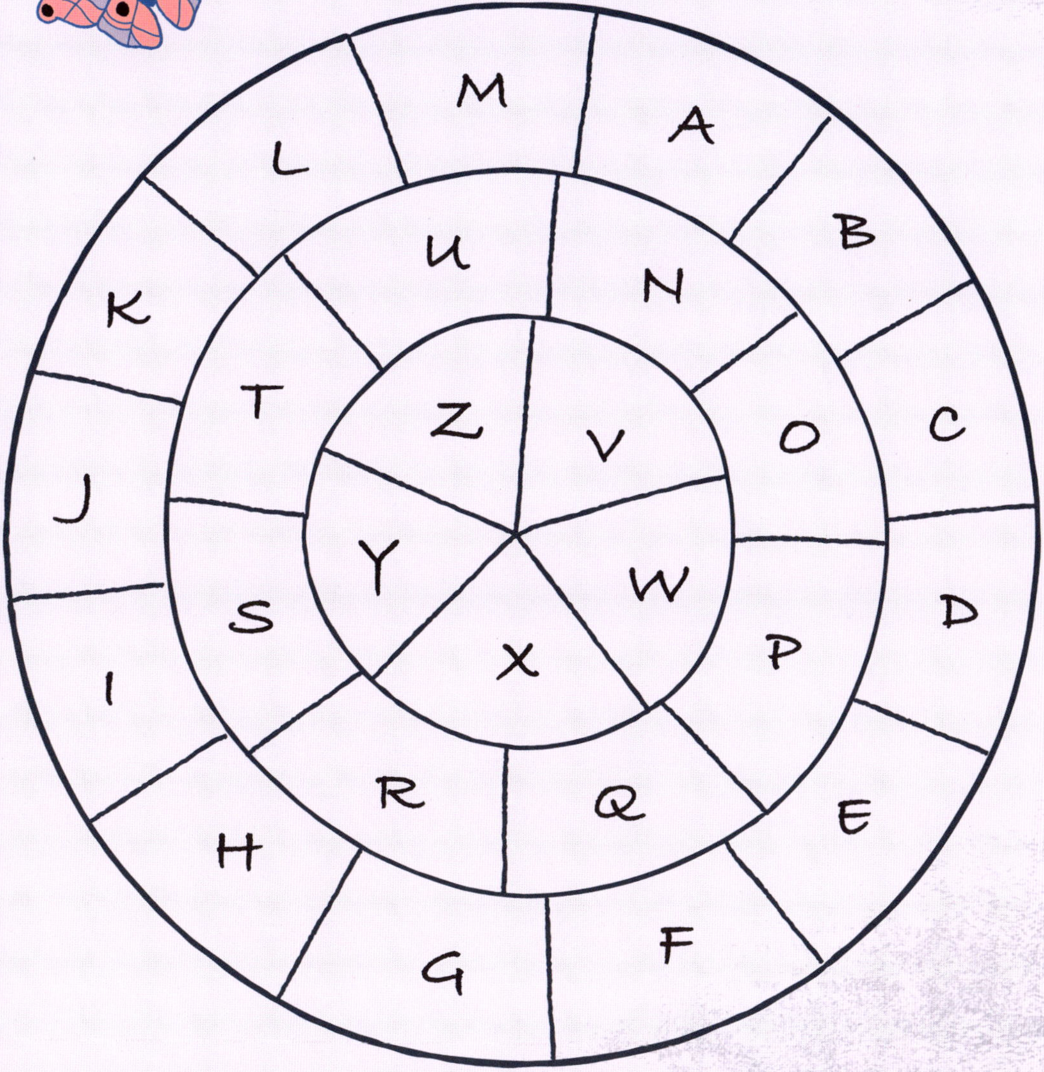

5

NEUTRALISATION ET CONGÉLATION

Ces sortilèges nous font franchir la limite des rituels destinés uniquement à nous protéger. Ils permettent, par exemple, d'empêcher un harceleur de continuer à sévir. Mais avant de sauter le pas, mieux vaut d'abord être sûre qu'un simple rituel de protection ne serait pas tout aussi efficace pour maintenir à distance la personne ou l'organisme qui vous harcèle.

De grâce, soyez consciente que les sorts visant à neutraliser ou à congeler quelqu'un opèrent comme une entrave sur votre cible ; leurs conséquences sont parfois inattendues. Prenons pour exemple les juges de la Cour Suprême : s'il apparaît qu'ils sont, d'après leurs antécédents, majoritairement enclins à soutenir le patriarcat, cela pourrait vous inciter à leur jeter un sort. Or, sachant qu'il suffit d'une voix pour valider un projet de loi, si vous passez à l'acte, vous empêcherez aussi cette voix de se prononcer – voilà qui peut être lourd de conséquences.

Vous l'aurez compris : avant de vous lancer, faites preuve de discernement quant à votre cible, au sort que vous lui jetez – et à votre motivation. Soyez prête à assumer les conséquences de vos actes.

RITUEL DE LA CORDELETTE NOIRE

Ce rituel est idéal pour entraver les agissements des fameux haters *et les empêcher de nuire. Il est d'ailleurs tout indiqué pour mettre des bâtons dans les roues du patriarcat. Les* haters *agissant souvent au sein d'un collectif, ce rituel est particulièrement efficace s'il est réalisé dans le contexte d'un coven (assemblée de sorcier·ère·s) ; le pratiquer en solo reviendrait à se heurter à un mur d'énergies très denses. À ce que l'on en sait, les conflits d'idées font rage sur un plan énergétique ; d'où la nécessité de former un coven pour organiser une défense amplifiée au nom d'une cause juste.*

PROCUREZ-VOUS

- Une photo de l'objet de votre sort
- Une cordelette noire d'environ 90 cm de long
- Une jarre en verre munie d'un couvercle

MOMENT PROPICE

Profitez de l'énergie d'une lune sombre ou d'une nouvelle lune pour neutraliser ou congeler votre cible. L'énergie de la pleine lune quant à elle dégage toute sa lumière au moment même où l'on repousse les actes haineux. À vous de choisir la phase lunaire qui vous convient pour opérer. Ce rituel est aussi indiqué lors d'une lune en Bélier ou en Scorpion, signes gouvernés par Mars, planète propice à ce type d'intention.

INSTRUCTIONS

1. Enveloppez-vous d'une grille de protection, objets inclus, et mettez votre ancrage en place. Si vous pratiquez au sein d'un groupe, chaque membre fait de même ou s'entoure d'un cercle magique.

2. Lors de la phase d'ancrage, veillez à adopter une position confortable, que vous soyez assise ou debout, objets requis entre vos mains. au sein d'un coven, chaque membre doit avoir les siens.

3. Posez l'intention de neutraliser la personne ou le groupe figurant sur la photo. Il peut s'agir d'un représentant du patriarcat ou de *haters*. La photo de la cible est un support incontournable au succès de l'entreprise.

4. Votre intention ayant été émise, prenez la photo dans la main non dominante (qui symbolise l'action d'émettre) et la corde dans la main dominante (qui symbolise le contrôle).

5. Enroulez la cordelette autour de la photo dans le sens des aiguilles d'une montre.

6. Ce faisant, déclarez ceci :
« Par la pose de cette entrave sur ___, je l'empêche de nuire à ____. »
Attention, il vous faut être très précise dans la formulation de votre objectif, sinon vous ratisserez trop large.

7. Continuez à enrouler la cordelette autour de la photo jusqu'à la masquer entièrement. Ensuite, placez la photo ainsi recouverte dans la jarre et refermez-la de son couvercle. À ce stade, vous pouvez disperser votre cercle magique si vous en avez disposé un autour de vous.

8. Enfin, enterrez la jarre pour que le sort perdure ou rangez-la dans un endroit sûr chez vous – auquel cas, veillez à l'entourer de romarin pour éviter une fuite d'énergie.

FAIRE TAIRE LA CALOMNIE

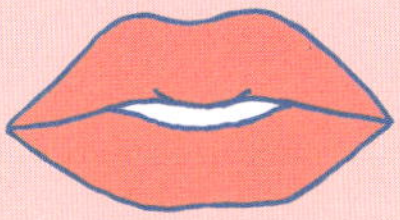

Assujettie à des forces énergétiques qui l'entravent, votre cible ne pourra pas faire autrement que de tenir sa langue. Je recommande de réserver ce sort aux comportements dictatoriaux et aux discours haineux – et non d'en faire usage sur une personne dont vous n'appréciez pas les propos.

Si vous parvenez à influencer l'opinion de quelqu'un par le biais d'une simple conversation, il y a fort à parier que vous n'aurez pas à lancer de sort. Je pars du principe que cette lecture vous a amenée à adopter un code éthique qui vous est propre ; vous savez donc quand un sort s'impose – ou non. Retenez toutefois la chose suivante : si vous empêchez quelqu'un de s'exprimer, cette personne sera dans l'incapacité de se prononcer en faveur d'une action bienveillante ou utile.

PROCUREZ-VOUS

- Une photo de votre cible
- Du ruban adhésif
- Un lieu sûr pour enterrer le support ou le ranger

MOMENT PROPICE

Pour bannir les discours toxiques, rien de tel qu'une lune décroissante. On peut opter pour une lune en Scorpion, en signe de Feu ou d'Air – pour la communication – tel le Verseau, propice aux bouleversements sociétaux.

INSTRUCTIONS

1. Commencez par former une grille de protection autour de vous et de vos objets, puis passez à la phase d'ancrage.

2. Prenez une respiration profonde par la bouche ; focalisez-vous sur l'inspiration, placez vos lèvres de sorte à contrôler l'air que vous absorbez. Expirez par vos lèvres pincées en créant un espace dans lequel vous contrôlez l'air expulsé. Procédez ainsi jusqu'à ce que vous soyez parfaitement calme.

3. Portez toute votre attention sur le chakra de la gorge pour procéder à son équilibrage ; imaginez simplement une douce lumière bleue palpiter dans votre gorge à chaque inspiration.

4. Prenez la photo de votre cible ainsi que le ruban adhésif.

5. Ces objets en main, dites à voix haute et intelligible : « J'empêche _____ de tenir des propos préjudiciables.
J'en appelle aux forces de la lumière pour préserver l'équilibre de l'Univers en veillant à ce que _____ se tienne tranquille. »

6. Focalisez-vous intensément sur la photo, puis posez une bande de ruban adhésif sur la bouche du sujet.

7. Posez vos mains sur la photo pour la charger de votre intention. Cela est parfaitement praticable en groupe, chacun canalisant son énergie pour la déverser, *via* son intention, dans la photo.

8. Fiez-vous à votre intuition pour savoir quand mettre un terme à votre concentration ; puis ôtez vos mains de la photo et veillez à les secouer dans la foulée.

9. Enterrez la photo toujours barrée du ruban adhésif ; ou mettez-la à l'abri des regards indiscrets dans un tiroir ou un placard. Le sort en est jeté.

FIGURINE
ANTI-PATRIARCAT

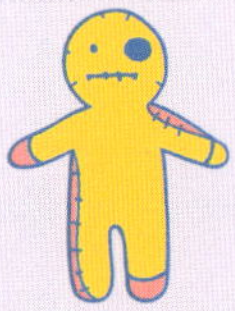

Qu'il s'agisse de guérir ou de jeter un sort, les figurines occupent depuis toujours une place de choix dans les pratiques de magie folklorique. Leur version la plus connue ? La fameuse poupée vaudoue, héritage des cultures africaine et caribéenne.

Si, en Europe, on parle de figurine, il s'agit de la même chose. En général, ces figurines sont fabriquées avec des feuilles de maïs ou d'autres ingrédients naturels. Dans le sort qui suit, vous allez confectionner une poupée à l'effigie de votre cible ; elle vous servira à la guérir ou à lui jeter un sort. Si vous pensez manquer de créativité, contentez-vous de prendre une banale poupée à personnaliser en fonction de l'apparence du sujet – en vous appuyant, par exemple, sur ses goûts vestimentaires, sa coupe de cheveux, son phototype ou la couleur de son vernis à ongles. Cela n'a rien d'évident, me direz-vous, si cette personne ne fait pas partie de vos connaissances. C'est parti pour les principes de base !

PROCUREZ-VOUS

- Une photo de votre sujet
- Une chaussette noire
- Un peu de rembourrage
- Une tourmaline noire
- Une aiguille et du fil noir

MOMENT PROPICE

Pour œuvrer à la guérison d'une personne, l'idéal est d'attendre la nouvelle lune ou une lune croissante. Mais s'il s'agit d'empêcher une exaction, optez pour une lune décroissante ou sombre. La pleine lune quant à elle est compatible avec chacune de ces intentions. Enfin, une lune en signe de Terre est un véritable atout pour réussir à infiltrer la poupée de votre intention.

INSTRUCTIONS

1. Commencez par vous ancrer selon votre méthode favorite, objets posés devant vous.

2. Prenez un moment pour bénir l'espace où vous vous trouvez. Assurez-vous de démarrer ce rituel en émettant une énergie propre et pure, puis formulez votre intention à voix haute.

3. Prenez la photo en main, et portez-lui toute votre attention. Pliez-la en deux, le rabat vers vous, puis réservez-la.

4. Passez à la chaussette que vous allez remplir de rembourrage. Simultanément, imaginez que la vie s'y fraie un chemin ; voyez l'enveloppe se remplir de chair.

5. Placez la photo à mi-hauteur à l'intérieur de la chaussette. Imaginez que c'est un cœur dont vous agrémentez votre figurine.

6. Puis, soufflez à l'intérieur de la figurine dans l'idée de lui insuffler de la vie.

7. Maintenant, insérez la tourmaline noire à côté de la photo de votre sujet. Cette pierre a la capacité de transformer l'énergie pour l'imprégner de ses propriétés positives – une transformation qui atteindra le cœur de votre sujet.

8. Enfin, munie de votre aiguille, vous allez coudre ensemble les deux bords de la chaussette. Chaque fois que vous faites un point, formulez votre intention.

9. Déposez votre figurine dans un endroit sûr quelque part au fond d'un tiroir ou d'un placard, l'essentiel étant que personne ne la trouve. Voilà, c'est fait !

HOMME DE GLACE

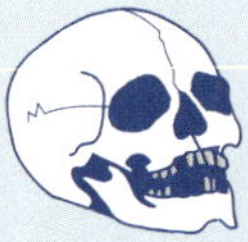

Beaucoup de sorcières ont un faible pour les sorts de congélation. Le sujet visé par un tel sort se retrouve comme pétrifié dans le gel. D'où cet avertissement : une fois « congelé », il sera dans l'incapacité d'accomplir toute tâche que l'Univers associe avec votre objectif. Je ne saurais donc trop insister sur le fait suivant : quand on projette un sort de ce type, il faut s'assurer d'avoir une vision à 360° de la situation.

PROCUREZ-VOUS

- Une photo de votre cible
- Un bocal en verre muni d'un couvercle
- De l'eau filtrée ou pluie d'orage, neige fondue, eau de mer ou de rivière
- Un congélateur

MOMENT PROPICE

Très simple à mettre en place, ce sort est le moyen idéal pour bannir certains comportements ; le jeter lors d'une lune décroissante ou sombre. Ce sort étant à base d'eau, il est conseillé de le pratiquer sous une lune en signe d'Eau ; donc, soyez maître de vos émotions avant de vous lancer et veillez à vous ancrer correctement.

INSTRUCTIONS

1. Enveloppez-vous de votre grille de protection, ingrédients compris. Puis, commencez à vous connecter à la terre, pieds bien à plat sur le sol.

2. Attendez de vous sentir bien campée sur vos deux jambes puis prenez la photo et pénétrez-la de votre intention de congeler son sujet.

3. Déposez la photo dans le bocal.

4. Ajoutez la quantité d'eau requise. Ne remplissez pas le bocal jusqu'à son pas de vis, car la masse volumique de l'eau augmente lorsqu'elle gèle ; contentez-vous d'en verser suffisamment pour immerger la photo. Sachez que l'eau filtrée est un véritable conducteur d'intention ; mais vous pouvez aussi utiliser l'eau récoltée lors d'un orage pour son caractère fulgurant ; la neige fondue, quant à elle, amplifie la puissance de la congélation ; l'eau de mer ajoute sa touche de protection et de piquant grâce au sel qu'elle contient, et enfin, l'eau d'une rivière est réputée emporter votre intention au fil de son courant.

5. Comme l'eau est un pur canal pour communiquer avec les esprits, pensez à murmurer votre intention dans le bocal avant de visser son couvercle.

6. Une fois celui-ci bien vissé, mettez le bocal dans le fond de votre congélateur et laissez-le en place aussi longtemps que vous le jugerez nécessaire.

7. Le fait de sortir le bocal et de le vider de son contenu suffit pour rompre le sort. Débarrassez-vous de la photo et de l'eau à l'extérieur de chez vous - aucun ingrédient utilisé pour le sort ne doit rester dans votre lieu d'habitation.

LES RUNES LIÉES

Les runes sont un alphabet ancien ; chacune d'entre elles fait écho à une intention spécifique. D'après certaines sources, les premières runes seraient apparues 800 ans après J.-C., mais les formes d'alphabets runiques les plus connues nous viennent des Celtes et des pays nordiques. Les symboles qui les caractérisent ont un sens occulte et magique, et, liées les unes avec les autres, les runes peuvent s'avérer très puissantes. Avec le sort qui suit, vous allez apprendre à lier ces inscriptions pour qu'elles correspondent exactement à l'objectif que vous vous êtes fixé. Voici maintenant les bases qui vous permettront de lier des runes.

PROCUREZ-VOUS

- Un alphabet runique (voir pages suivantes)
- Un stylo et du papier
- Une photo du sujet
- Un marqueur noir

MOMENT PROPICE

Pour entraver quelqu'un, rien de tel qu'une nouvelle lune ou une lune croissante. Souvent, les runes sont faites de terre ; le but étant de brider le corps physique, œuvrez sous une lune en signe de Terre.

INSTRUCTIONS

1. Enveloppez-vous de votre grille de protection, outils compris, puis procédez à votre ancrage.

2. Quand vous êtes bien centrée, formulez votre intention sur une feuille de papier ; puis sélectionnez les runes correspondant à votre objectif dans l'alphabet mis à votre disposition page suivante. Par exemple, si vous cherchez à congeler ou entraver quelqu'un, choisissez les runes en rapport avec la « glace », la « protection » ou l'« autorité ».

3. Ensuite, vous allez combiner les runes liées sur votre feuille de papier en fonction de l'intention qui est la vôtre. Il y a différentes manières de procéder. Si vous les liez en un dessin linéaire qui suit une ligne verticale, vous serez armée tel un guerrier prêt à se jeter dans un combat. Combinées en rayons connectés à un point central – comme une roue –, elles vous feront réaliser un sort défensif aux origines anciennes. Enfin, vous pouvez aussi combiner vos runes en une sorte de puzzle – selon la méthode dite des runes liées multi-axiales ; elles vous aideront notamment à faire aboutir votre objectif. La méthode multi-axiale vise à choisir une rune centrale et à s'en inspirer.

4. Une fois que vous avez combiné vos runes comme bon vous semble, prenez cette composition comme un modèle et utilisez le marqueur noir pour dessiner vos runes en haut de la photo.

5. Tout en dessinant, concentrez-vous sur la rune liée ; connectez-vous à son énergie pour la déverser sur la photo.

6. Une fois qu'elle est suffisamment chargée, prenez la photo et rangez-la en un lieu sûr où elle ne risque pas d'être découverte – un tiroir ou un placard, c'est selon.

L'ALPHABET RUNIQUE

FEHU (bétail)
Plan terrestre : succès, abondance, fortune générée par des revenus, chance
Plan spirituel : accomplissement, croissance, expansion

URUZ (aurochs)
Plan terrestre : force, courage, détermination, opportunité
Plan spirituel : initiation, changement de vie, rencontre avec le destin

THURISAZ (épine)
Plan terrestre : protection, barrière, fierté, auto-illusion
Plan spirituel : destruction et renaissance, vérité intérieure, faux ego

ANSUZ (sagesse)
Plan terrestre : apprentissage, communication, contemplation, conseil avisé
Plan spirituel : aide divine, étincelle de créativité, initiation

RAIDHO (char)
Plan terrestre : voyage, communication, action décisive, réunion
Plan spirituel : chemin intérieur, destinée

KENAZ (torche)
Plan terrestre : connaissance, nouvelles perspectives, compréhension, idées
Plan spirituel : guidance intérieure, illumination

GEBO (cadeau)
Plan terrestre : succès, union, bonheur, devoir
Plan spirituel : karma, équilibre intérieur

WUNJO (joie)
Plan terrestre : bonheur, réjouissances, harmonie, famille
Plan spirituel : paix intérieure, faire corps avec l'Univers

HAGALAZ (grêle)
Plan terrestre : destruction, dégâts, difficultés, rupture
Plan spirituel : crise intérieure, doute, transformation

NAUDHIZ (besoin)
Plan terrestre : besoin, retenue, éviter la convoitise, patience
Plan spirituel : ascétisme, transcendance, âme

ISA (glace)
Plan terrestre : obstacles, arrêt, prudence, patience
Plan spirituel : calme intérieur, renoncement, introspection

JERA (moisson)
Plan terrestre : récompense, fécondité, maturité, croissance
Plan spirituel : action juste, loi de la nature

EIHWAZ (if)
Plan terrestre : résolution des problèmes, force dans l'adversité, protection
Plan spirituel : résurrection, transcendance

PERTHRO (secret)
Plan terrestre : aléas, jeux de hasard, aubaine, naissance
Plan spirituel : destin, le féminin

ALGIZ (protection)
Plan terrestre : protection, assistance, promotion, persévérance,
Plan spirituel : esprit gardien, intervention divine, mysticisme

SOWELO (soleil)
Plan terrestre : vitalité, bonne santé, bonne fortune, joie
Plan spirituel : bénédiction, complétude

TIWAZ (autorité)
Plan terrestre : justice, passion, autodiscipline, victoire
Plan spirituel : bien commun, droiture

BERKANO (bouleau)
Plan terrestre : créativité, idées novatrices, naissance, nourriture
Plan spirituel : énergie de la mère, croissance intérieure

EHWAZ (cheval)
Plan terrestre : mouvement, progrès, coopération, relations
Plan spirituel : progrès intérieur, principe de dualité

MANNAZ (humanité)
Plan terrestre : famille, amitié, actions caritatives, bien commun
Plan spirituel : le soi, transcendance, communion

LAGUZ (eau)
Plan terrestre : traversée des eaux, intuition, fluidité, créativité
Plan spirituel : prémonitions, désirs inconscients, l'inconnu

INGWAZ (puissance)
Plan terrestre : accomplissement, difficultés surmontées, créativité, fertilité
Plan spirituel : unité, équanimité

OTHALA (foyer, maison)
Plan terrestre : héritage, propriété, famille, responsabilités
Plan spirituel : vérités universelles

DAGAZ (jour)
Plan terrestre : espoir, soulagement, aide, clarté, compréhension, progrès
Plan spirituel : destinée, conscience plus élevée, mutabilité

WYRD (destin)
Plan terrestre : incertitude, conséquences inconnues, acceptation
Plan spirituel : inconnaissable, destin

6

SORTS DE BANNISSEMENT

Les sorts de ce chapitre sont parfaits pour se débarrasser d'énergies indésirables : rien de tel qu'un sort de bannissement pour forcer quelqu'un à se retirer de votre espace vital. Dans une société patriarcale, vous pouvez bannir ceux qui œuvrent à l'encontre de vos droits ou exercent leur pouvoir pour opprimer les groupes privés de leurs droits. Gardez ces sorts sous la main, vous serez parée pour voler à la rescousse de ceux qui ont besoin d'être protégés.

Certains de mes sorts de bannissement préférés opèrent dès lors que je dis simplement « non ». Le bannissement est en effet un excellent moyen de poser une ligne de démarcation, tant sur le plan physique qu'énergétique. Il s'agit d'ériger une barrière entre vous et votre cible, qu'elle soit verbale, tangible ou magique. Ma suggestion, en matière de bannissement, serait de commencer par faire preuve de courage. C'est ce que je vous recommanderais de faire en premier – sauf danger à l'horizon – si vous avez le cran de dire à votre cible de sortir de votre vie. Les sorts de bannissement représentent la solution idéale quand on est confrontée à une cible à laquelle il n'est pas facile d'accéder, ce qui exige de trouver un autre moyen d'amener l'agresseur à battre en retraite.

BOCAL DE VINAIGRE

La prudence est de mise pour exécuter ce sort, car il provoque des sensations peu enviables de picotement. Rappelons qu'à l'instar des autres sorts de ce livre, il convient de faire preuve d'éthique personnelle : votre cible mérite-t-elle vraiment ce traitement ?

Ce sort a la particularité de bannir votre cible en l'envoyant là où elle sera incapable de vous faire du mal ; elle en pâtira à cause des picotements. Voilà qui peut sembler dur, mais, au moins, votre cible sera aussi dans l'incapacité de nuire à autrui et de faire des dégâts, quel que soit son nouvel environnement.

PROCUREZ-VOUS

- Une photo de votre cible
- Un bocal en verre
- De l'eau filtrée ou pluie d'orage, neige fondue, eau de mer ou de rivière
- Du vinaigre blanc
- Un lieu extérieur tel qu'un parc, éloigné de chez vous

MOMENT PROPICE

Votre but étant de vous défaire d'une énergie et de l'expulser, attendez que la Lune soit décroissante. Si vous voulez que ce sort agisse rapidement, lancez-le par une lune en signe de Feu ; une lune en signe de Terre favorisera un effet à long terme.

INSTRUCTIONS

1. Enveloppez-vous de votre grille de protection, outils compris, puis procédez à votre ancrage.

2. Une fois que vous êtes bien ancrée, munissez-vous de vos outils ; il est temps de déclarer votre intention. Essayez de la formuler de cette manière : « J'invoque l'aide des esprits pour bannir ______ », mais sentez-vous libre d'utiliser des termes qui résonnent en vous.

3. Photo en main, concentrez votre énergie sur le sujet ; voyez le sujet se détourner de vous et s'éloigner pour franchir le pas d'une porte qui se referme derrière lui. Maintenez cette vision dans votre regard intérieur.

4. Versez votre eau dans le bocal pour le remplir à moitié ; si vous l'avez récoltée après un orage, vous allez créer une sortie fracassante. Mais s'il s'agit d'une eau de rivière, le courant va entraîner le sujet loin de vous. L'eau de mer ajoute sa touche de nettoyage et enfin, une eau courante simplement filtrée mène à une évacuation.

5. Complétez le bocal jusqu'en haut avec le vinaigre. Tout en le versant, imaginez l'effarement qui saisit votre sujet, au point de ne plus être capable de se concentrer sur quoi que ce soit d'autre. Maintenez la puissance de cette vision.

6. Votre bocal une fois rempli, fermez-le soigneusement avec un couvercle, et déclarez à nouveau votre intention à voix haute.

7. Vous pouvez procéder à la dissolution de votre grille dès que vous vous sentez à nouveau alignée. À présent, il faut agir rapidement : emportez votre bocal en un lieu éloigné de chez vous, de préférence un parc ou une zone boisée. Déposez-le en un endroit où personne ne le trouvera, et voilà : vous avez procédé au bannissement de votre cible.

AMULETTE DE BANNISSEMENT

Cette amulette est parfaite pour éloigner la violence. Si vous êtes actuellement victime de harcèlement, elle vous aidera à vous débarrasser de cette énergie dès que vous la porterez en collier. Ne vous croyez pas dispensée de prévenir la police pour autant ; l'action de cette amulette va porter sur votre environnement en le purifiant de sa toxicité.

Si tel n'est pas votre cas, mais que vous connaissez un lieu qui est le théâtre de violences, cette amulette va irradier une énergie de purification là où ces violences ont lieu. Je vous conseille de la fabriquer avec un grenat, idéal pour purifier et équilibrer les énergies. Pierre de la passion, le grenat est donc parfait pour un sort de bannissement. Si toutefois vous préférez utiliser une autre pierre tout en ayant la même intention, n'hésitez pas à le faire.

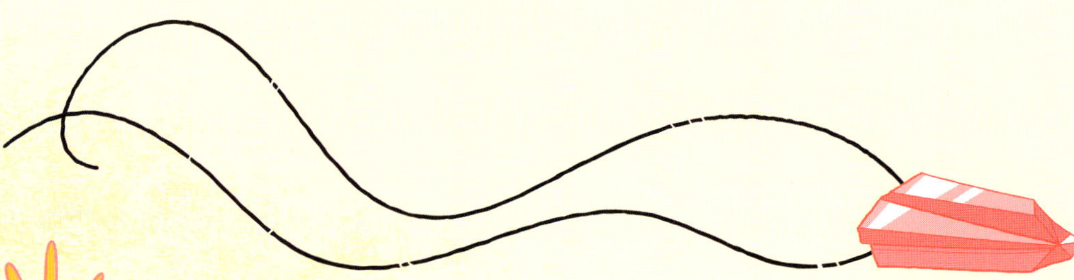

PROCUREZ-VOUS

- Un grenat en breloque ou à monter en pendentif
- Une cordelette noire d'environ 90 cm de long (optionnelle)

MOMENT PROPICE

Cette amulette étant destinée à un bannissement, vous devriez la fabriquer lors d'une lune décroissante. Elle va continuer à irradier cette énergie de bannissement jusqu'à ce qu'elle se brise. Les lunes en Scorpion ou en Bélier sont particulièrement recommandées, car ces deux signes sont régis par Mars, planète de la guerre.

INSTRUCTIONS

1. Enveloppez-vous de votre grille de protection, outils compris, puis procédez à votre ancrage.

2. Prenez en main ce merveilleux grenat et envoyez-lui un concentré de votre énergie.

3. Ce faisant, voyez comme le bannissement de toute forme de violence se déverse directement dans le grenat en décuplant sa capacité à chasser la toxicité. Pour mener à bien cette visualisation en particulier, je vous recommande d'invoquer une déesse de la guerre telle que Kali ; elle vous aidera à diffuser l'énergie de bannissement.

4. Fiez-vous à votre intuition pour savoir quand cesser de déverser cette énergie ; puis enfilez la cordelette noire sur la pierre – et faites-en un collier si cette méthode vous parle. Mais si vous préférez porter cette amulette dans votre poche ou la ranger dans un endroit bien précis, vous pouvez sauter cette étape.

5. Pour la version collier, une fois que la cordelette a été enfilée dans la pierre, nouez-la dans la nuque trois fois de suite, en référence à la triple déesse.

6. Assurez-vous que votre amulette est bien en place, puis asseyez-vous et laissez-la se connecter aux profondeurs de votre cœur.

7. Attendez quelques instants, puis procédez à la dissolution de votre grille de la manière qui vous sied le mieux.

8. Portez-la sur vous dès lors que vous sentez que vous allez avoir besoin de cette énergie de bannissement ; vous pouvez la porter pendant votre sommeil ou sous la douche, mais ce n'est pas impératif. Le jour où votre amulette se brisera, cela signifiera qu'elle a rempli son office ; il ne vous restera plus qu'à en fabriquer une nouvelle. Enfin, sachez que si vous déposez votre amulette en un lieu tenu secret à l'abri des regards, elle sera tout aussi opérationnelle pour bannir la violence.

POUDRE MAGIQUE DE BANNISSEMENT

Ce sort repose sur l'usage de la poudre Hot Foot – Hot Foot Powder, *littéralement, poudre de pied brûlant –, très répandu dans les rituels de tradition Hoodoo. Laquelle préconise de la saupoudrer sur les vêtements ou les chaussures pour tenir à l'écart les personnes jugées indésirables. Attention, donc, à ne pas verser dans des énergies négatives liées à la mesquinerie et aux abus.*

Le sort suivant s'appuie sur le même principe, mais au lieu de répandre de la poudre Hot Foot directement sur votre cible, vous le ferez sur une photo – je pars du principe que vous ne pouvez pas approcher votre cible s'il s'agit par exemple d'un représentant du patriarcat.

Autre point commun avec la pratique du *rootwork*, du Hoodoo et autres croyances issues de la magie populaire : l'usage de carrefours. On les dit tout indiqués pour invoquer le monde des esprits et obtenir leur aide afin de mener à bien un objectif. Il peut s'agir d'une intersection près de chez vous ; quand vous y serez, veillez à ne pas être dérangée pour jeter votre sort.

Ce sort ayant été conçu par des groupes privés de leurs droits, démunis face aux brimades infligées par le patriarcat, je suggère de l'utiliser pour bannir les suprémacistes blancs – que cela vous donne matière à réflexion quand vous prendrez quelqu'un pour cible.

PROCUREZ-VOUS

- 1 c. à c. de chili séché en flocons
- 1 c. à c. de poivre de Cayenne
- 1 c. à c. de sel de table
- 1 c. à c. de poivre noir
- 1 c. à c. d'origan séché
- Un bol mélangeur
- Une photo de votre cible
- Lieu : un carrefour

MOMENT PROPICE

S'agissant d'un sort de bannissement, mieux vaut le réaliser par une lune décroissante ou sombre. Selon moi, quand elle est dans un signe de Feu, c'est un excellent moment pour jeter un sort de bannissement, mais un signe de Terre va jouer sur sa durée.

INSTRUCTIONS

1. Commencez par vous ancrer selon votre méthode favorite, ingrédients à portée de main.

2. Prenez le bol mélangeur, et mettez-y tous vos ingrédients.

3. Mélangez-les bien avec la main tout en leur transférant votre intention. Dites-la à voix haute ou mentalement en restant concentrée sur le mélange.

4. Dès qu'il est homogène, mettez-vous en route avec la photo et le bol mélangeur pour rejoindre un carrefour.

5. Une fois sur place, déposez la photo sur le sol. Évitez de vous positionner au centre du carrefour en raison du risque d'accident – choisissez plutôt l'un des coins. Optez pour celui situé le plus au sud, point cardinal associé au Feu ; de quoi ajouter à la brûlure de votre poudre magique.

6. Commencez à déverser le mélange sur la photo posée sur le sol. Ce faisant, déclarez à nouveau votre intention. Assurez-vous de bien recouvrir la photo.

7. Quand cela est fait, dites rapidement « merci » aux esprits du carrefour venus à la rescousse pour que votre intention aboutisse.

8. Laissez la photo là où elle est. S'il vous reste de la poudre, veillez à la jeter à l'extérieur de chez vous.

BOUGIE DE BANNISSEMENT

Ce rituel, dont le but est d'éradiquer le sexisme, implique le recours au feu et à un sigil. Le feu assure un effet rapide et puissant ; et cela fait des siècles que les sigils servent à protéger et à favoriser la fertilité, deux intentions qui, par tradition, sont associées à l'archétype féminin. Besoin d'aide pour fabriquer un sigil ? *Rendez-vous aux pages 64-67 pour les explications.*

Si vous faites l'expérience du sexisme, je vous recommande d'utiliser ce sort pour bannir la connexion qui vous y relie. À moins que vous ne l'envisagiez pour œuvrer en faveur du bien-être collectif ; auquel cas, il est bon de le lancer en bénéficiant de l'énergie d'un coven.

PROCUREZ-VOUS

- Du papier et un stylo
- Une bougie noire
- Un poinçon ou tout autre outil permettant de graver/ciseler
- Un briquet ou des allumettes

MOMENT PROPICE

Sort de bannissement oblige, il convient de le réaliser en lune décroissante, voire sombre. Une lune dans un signe de Feu est parfaite pour bannir et jeter des sorts avec une bougie. Cela dit, comme l'intention qui colore ce sort est en lien avec le féminin sacré, elle peut s'avérer puissante en conjonction avec des signes d'Eau et de Terre.

INSTRUCTIONS

1. Commencez par vous envelopper de votre grille de protection, outils compris, puis procédez à votre ancrage.

2. Prenez le papier et le stylo, écrivez votre intention – qui peut être d'ordre personnel ou universel.

3. Cela étant fait, créez le modèle de votre sigil.

4. Quand c'est chose faite, prenez la bougie noire et votre poinçon. Commencez à graver votre sigil dans la cire de la bougie ; chaque fois que vous l'entamez avec le poinçon, mettez-y toute votre intention.

5. Lorsque vous avez fini de graver votre sigil sur la bougie, prélevez un peu de votre salive et oignez-en la bougie. Si vous effectuez ce sort en coven, chaque participante doit faire de même.

6. Enfin, allumez la bougie enduite de votre salive, regard fixé sur la flamme ; vous devez être focalisée sur votre intention. Quand vous aurez la sensation d'avoir canalisé suffisamment d'énergie, reprenez contact avec votre environnement en frappant une fois des mains devant votre visage. À ce stade, vous pouvez procéder à la dissolution de votre grille.

7. Laissez la bougie se consumer entièrement, en toute sécurité.
Si nécessaire, éteignez-la, mais ne soufflez pas sur la flamme.

EXORCISER LES EFFETS PERVERS DE L'OPPRESSION

Le but de ce rituel est de déprogrammer nos pensées. En grandissant dans le « système », nous adoptons des pensées et des préjugés qui n'émanent pas de notre être profond. Résultat, nous cherchons à les cautionner, et avec le temps, nous en payons chèrement les conséquences.

Les groupes marginalisés et privés de leurs droits sont constamment victimes de l'oppression générée par des pensées qui les briment, qu'ils en soient conscients ou non. D'ailleurs, moins nous sommes conscients de notre programmation, plus ce phénomène devient synonyme de danger. Le rituel qui suit permet de creuser dans nos zones d'ombre pour faire remonter nos préjugés les plus profonds ; une fois exposés à la lumière, ils peuvent disparaître de notre existence.

PROCUREZ-VOUS

- Du papier et un stylo

MOMENT PROPICE

Ce rituel fonctionne particulièrement bien en période de lune décroissante ou sombre ; pratiqué lorsque la Lune est dans un signe d'Eau, il permet de contacter des émotions profondément enfouies, ce qui le rend d'autant plus puissant.

INSTRUCTIONS

1. Bien protégée par votre grille, papier et stylo à portée de main, procédez à votre ancrage.

2. Une fois que vous vous sentez en sécurité, notez les questions suivantes :

- Quel est votre tout premier souvenir concernant la couleur de la peau ? À quelles émotions est-il lié ?
- Avez-vous déjà eu des préjugés – positifs ou négatifs – relatifs à la couleur de la peau d'autrui ?
- Quel est votre tout premier souvenir lié au genre sexuel ?
- Que pensez-vous des différentes sortes d'expression et d'identité sexuelles ?
- Quel est votre premier souvenir concernant l'orientation sexuelle ? Est-il source de préjugés ?
- Si vous êtes en position d'autorité, comment réagissez-vous face à une identité sexuelle ou une couleur de peau différente des vôtres ?
- Vous êtes-vous déjà sentie mal à l'aise face à quelqu'un de « différent » ? Si oui, pourquoi ?

3. À vous de creuser le sujet en profondeur avec honnêteté. N'ayez pas honte de vos réponses ; il s'agit de comprendre tout ce qui les a motivées.

4. Après avoir fait le tour du sujet, déchirez la feuille en petits morceaux en déclarant solennellement : « Je condamne ces préjugés et bannis le principe consistant à traiter quelqu'un différemment selon son genre, sa race ou son orientation sexuelle. »

5. Rassemblez les morceaux de papier et jetez-les dans une poubelle à l'extérieur de chez vous. Gardez vos révélations à l'esprit et efforcez-vous de mettre en place de petits changements au quotidien.

7

RITUELS DE GUÉRISON

Petit rappel : la magie de protection est la clé de la guérison. Ce chapitre vous invite à faire preuve de noblesse en semant les germes de la guérison chez vos agresseurs si le contexte vous permet de déployer suffisamment de patience et de compassion. Quand on concentre son énergie sur le désir de guérir des blessures profondes, les énergies dégagées par le patriarcat, par exemple, peuvent s'en trouver adoucies, voire allégées.

Bien souvent, les actes haineux sont le reflet de souffrances personnelles. Au lieu de remédier à leurs préjugés, traumas et autres blessures, beaucoup de gens s'en prennent à autrui pour adoucir leurs propres souffrances. Ce faisant, ils ne font que transmettre ce cercle vicieux à de nouvelles victimes. Or, il s'agit de guérir les racines du mal exercé par les représentants du patriarcat en les tranchant net ; ou comment amener les mentalités à vivre un déclic qui ne se résume pas à poser un simple pansement sur l'oppression – mais, espérons-le, qui l'éradique.

Saisissons l'occasion de nous interroger davantage sur nous-mêmes. D'où vient cette promptitude à vouloir jeter un sort ? En agissant ainsi, choisissons-nous la meilleure option, ou est-ce davantage un moyen de projeter nos propres souffrances sur autrui ? La guérison est un outil universel dont nous avons tous besoin ; nous devrions sans cesse œuvrer en sa faveur.

BOUGIE DE GUÉRISON

Ce rituel est voué à la guérison du genre masculin et de tous ceux qui cautionnent les abus de pouvoir masculins. En concentrant votre énergie sur cette bougie, vous émettrez la volonté de guérir toutes les blessures provoquées par des comportements masculins toxiques.

L'enfant qui vient au monde n'est pas sous l'influence des stigmates propres à notre société. Or, en grandissant, il devient la cible d'agressions injustifiées ; on lui inculque des principes qui le maintiennent dans l'ignorance de ce qu'est, en réalité, la masculinité. Mais ce n'est pas une raison pour excuser quiconque génère et entretient des idéaux masculins d'ordre toxique ; d'où la raison d'être de ce rituel, qui vise à guérir ceux qui sont trop aveugles pour voir qu'ils sont prisonniers d'un cercle vicieux.

PROCUREZ-VOUS

- Une bougie rose
- Des allumettes ou un briquet
- Un poinçon ou tout autre outil pour graver

MOMENT PROPICE

Une lune croissante ou une nouvelle lune se prête très bien aux intentions d'évoluer. Une lune en signe de Feu fera écho à la bougie, en signe d'Eau, à l'émotionnel, et en signe de Terre, à l'ancrage.

INSTRUCTIONS

1. Enveloppez-vous de votre grille de protection, outils compris ; sentez-vous bien ancrée dans le sol.

2. Racines profondément déployées, prenez vos outils et déclarez votre intention à voix haute. Elle peut être au service de la guérison sur un plan universel ; vous pouvez aussi l'orienter sur un sujet en particulier. Personnellement, j'ai un faible pour l'intention suivante : « Que mon influence touche les hommes toxiques dans leur masculinité, de sorte à leur faire expérimenter le féminin sacré et découvrir sa puissance. »

3. Prenez votre poinçon pour graver un symbole sur la bougie : un sigil de guérison, le nom de votre sujet ou simplement un cœur – tout ce qui est susceptible d'évoquer le féminin sacré.

4. Allumez la bougie, portez toute votre attention à la flamme. Voyez-la irradier un doux scintillement rose.

5. Faites-le grandir, voyez-le se déployer. Si vous parvenez à avoir cette vision les yeux ouverts, c'est parfait. Dans le cas contraire, fermez les yeux ou gardez-les mi-clos. Voyez ce scintillement rose se répandre partout autour de vous et gagner les extérieurs de votre logement.

6. Continuez ainsi jusqu'à ce que le scintillement rose enveloppe la planète, voyez-le rejoindre la flamme primordiale et continuer ainsi en gagnant l'ensemble de l'Univers.

7. Quand c'est chose faite, contemplez ce scintillement rose encore un peu de votre regard intérieur, puis imaginez qu'il se dissout lentement autour de la planète pour s'infiltrer dans le cœur de tous ceux qui en ont besoin.

8. Reste à éteindre votre bougie. Surtout, ne soufflez pas dessus, sinon votre intention risque de partir en fumée. Attendez de vous sentir alignée pour clore votre grille.

RITUEL ANTI-AVEUGLEMENT

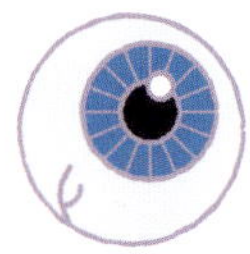

Ce rituel sera votre allié pour aider autrui à ouvrir les yeux sur la beauté et la diversité du monde. Vous allez plonger dans un état de méditation profonde pour lever le voile de haine révélateur de l'incompréhension totale qui bien souvent touche les combats des autres.

Vous pourrez utiliser ce rituel sur différents modes. Il se prête très bien à une guérison visant un contexte collectif ou individuel, et vous pouvez même le pratiquer sur vous – il peut en effet s'avérer des plus éclairants si vous éprouvez des difficultés à comprendre le point de vue d'une autre personne.

Je trouve qu'il est particulièrement efficace quand il s'agit de se faire comprendre de membres de la famille ou d'employeurs. En leur envoyant une énergie de guérison et de lumière, vous aurez des échanges davantage empreints de compassion – atout précieux qui vous fera progresser. Hormis ce rituel, assurez-vous de vous faire entendre de façon à sensibiliser votre auditoire sur un plan rationnel.

PROCUREZ-VOUS

- Un bouquet de lavande séchée
- Un briquet ou des allumettes
- Un petit bol
- Un lieu calme pour méditer à l'extérieur

MOMENT PROPICE

Ce rituel de guérison favorisant la compréhension est à réaliser lors d'une nouvelle lune ou en phase de croissance lunaire. Il agit très bien sous une lune en signe d'Air, symbole de communication et de réflexion intellectuelle.

INSTRUCTIONS

1. Enveloppez-vous de votre grille de protection, outils compris. Sentez-vous bien ancrée dans le sol.

2. Allumez le bouquet de lavande à l'une de ses extrémités pour produire de la fumée. Placez le bol juste en dessous afin de recueillir les fragments qui pourraient se détacher du bouquet.

3. Dessinez un pentagramme avec les volutes de fumée, imprégnez-vous de sa puissance.

4. Déposez le bouquet dans le bol, il doit continuer à produire de la fumée ; adoptez une position confortable pour méditer.

5. Fermez doucement les yeux. Plongez dans une méditation profonde en vous focalisant sur votre respiration ; inspirez et expirez profondément.

6. Visualisez un doux scintillement bleu émanant de votre gorge.

7. Maintenez cette vision, faites-la grandir au rythme de votre respiration.

8. Attendez qu'elle soit à son maximum, puis dirigez cette lumière bleue sur votre regard intérieur. S'il s'agit d'un soin collectif, envoyez-la dans l'Univers. Si la cible est une personne en particulier, imaginez sa gorge illuminée par ce bleu brillant.

9. Maintenez cette visualisation tant que cela reste confortable.

10. Quand vous sentez que tout est bien, procédez à la dissolution de votre grille de la manière qui vous sied le mieux.

CHARME DE LUMIÈRE

Ou comment faire en sorte que votre sujet se sente baigner dans vos énergies de lumière. Au lieu de lui souhaiter des pensées illuminées, il s'agit de les lui faire ressentir. Ce rituel a beau être inspiré de la poudre Hot Foot (page 88), il ne vise pas à écarter un sujet animé de mauvaises intentions ; bien au contraire, le but de ce charme est de lui faire vivre autre chose en le mettant dans l'énergie d'une personne à laquelle il ne peut pas s'identifier.

PROCUREZ-VOUS

- 1 c. à c. de calendula séché
- 1 c. à c. de gingembre moulu
- 1 c. à c. de sel
- 1 c. à c. de romarin séché
- 1 c. à c. de lavande séchée
- Un bol mélangeur
- Une photographie de votre sujet
- Lieu : un carrefour

MOMENT PROPICE

Une nouvelle lune ou en phase de croissance se prête à la guérison. Comme ce sort requiert l'usage de plantes et agit sur un plan physique, une lune en signe de Terre est tout indiquée.

VIVRE LA SOUFFRANCE D'AUTRUI NE SERAIT-CE QU'UNE SEULE JOURNÉE PEUT FAIRE TOUTE LA DIFFÉRENCE. TECHNIQUEMENT, CECI A BEAU ÊTRE UN RITUEL DESTINÉ À GUÉRIR, CETTE GUÉRISON SE MANIFESTERA PAR L'ÉRADICATION DE L'IGNORANCE, PHÉNOMÈNE QUI PEUT S'AVÉRER INTENSE SI LE SUJET NE S'Y ATTEND PAS.

INSTRUCTIONS

1. Ancrez-vous selon votre méthode préférée, tous vos ingrédients à portée de main.

2. Déposez-les les uns après les autres dans le bol. Portez votre attention à chaque plante aromatique ainsi qu'au sel en déclarant :

« Le calendula pour activer mon pouvoir de guérison. »
« Le gingembre pour alléger la colère et la frustration. »
« Le sel pour protéger et nettoyer. »
« Le romarin pour purifier les pensées indésirables. »
« Et la lavande pour calmer le mental. »

3. Une fois que tous les ingrédients sont dans le bol, mélangez-les à la main en leur transmettant votre intention. Et tandis que vous les mélangez, imaginez ce que va ressentir votre sujet lorsqu'il se surprendra à cultiver des pensées qui, en fait, sont teintées de vos énergies.

4. Quand le mélange est suffisamment homogène, prenez la photo et le bol mélangeur puis sortez de chez vous pour rejoindre un carrefour.

5. Déposez la photo de votre sujet sur le sol du carrefour. Essayez de choisir le coin situé le plus à l'est, point cardinal associé à la Terre.

6. Déversez votre mixture sur le sujet de la photo. Ce faisant, émettez à nouveau l'intention qu'il comprenne ce qui vous anime. Veillez à bien recouvrir la photo.

7. Quand vous aurez fini, remerciez rapidement les esprits du carrefour qui vont vous aider à faire aboutir votre intention.

8. Laissez la photo sur place. S'il vous reste encore du mélange, faites en sorte de le jeter à l'extérieur de chez vous.

BAIN DE GUÉRISON

La technique utilisée dans ce rituel va faire de vous une naïade répandant une potion de guérison partout dans le monde. Les bains spirituels sont une pratique de sorcellerie répandue depuis des siècles ; vous n'aurez aucun mal à vous lancer dans cette pratique. Les étapes nécessaires à ce charme vont vous permettre de concocter votre propre philtre de guérison.

Si vous n'avez pas de baignoire, vous pouvez modifier ce charme en procédant au mélange des ingrédients dans une bassine à emporter sous la douche. Vous n'aurez plus qu'à déverser le mélange au-dessus de votre tête et à laisser votre corps s'imprégner des ingrédients.

PROCUREZ-VOUS

- ½ tasse de fleurs de camomille
- ½ tasse de sel rose de l'Himalaya
- ½ tasse de pétales de rose
- ½ tasse de fleurs de tilleul
- ½ tasse de feuilles de tulsi (basilic sacré)

MOMENT PROPICE

Une nouvelle lune ou en phase de croissance se prête à la guérison. Ce charme fait appel à l'émotionnel par le biais de l'eau. D'où l'intérêt de le pratiquer quand la Lune est dans un signe d'Eau – notamment, en Cancer, gardien réputé du foyer.

CE CHARME PERMET D'ENVOYER UNE ÉNERGIE DE GUÉRISON DE PAR LE MONDE. SI VOUS VOULEZ EN BÉNÉFICIER À TITRE PERSONNEL, À VOUS D'AJUSTER VOTRE INTENTION.

INSTRUCTIONS

1. Emportez tous vos ingrédients dans la salle de bains.

2. Si vous accomplissez ce charme sous la douche, mélangez les ingrédients au préalable dans une bassine. Vous y ajouterez de l'eau pour vous frictionner avec le mélange.

3. Faites couler de l'eau tiède dans la baignoire ; énergétiquement, une eau très chaude n'est pas recommandée. Cela dit, écoutez votre intuition pour régler la température.

4. Incorporez lentement vos ingrédients en émettant une intention de guérison tandis que la baignoire se remplit.

5. Cela étant fait, entrez dans la baignoire ; enveloppez-vous de votre grille de protection.

6. Vous voici immergée ; plongez dans un état méditatif en scannant l'ensemble de votre corps (page 42). Ce faisant, relâchez toute tension ressentie ici ou là.

7. Une fois parfaitement détendue, portez toute votre attention au centre de votre cœur en faisant grandir une belle lumière verte sur la poitrine. Concentrez-vous sur le bien-être qui vous habite dans ce contact avec l'Univers ; dirigez-le vers la communauté humaine.

8. Parfaitement concentrée sur cette lumière verte que vous faites grandir, ramenez vers vous les plantes séchées éparses dans le bain, frictionnez-en votre corps là où cela vous fait du bien. Vous pouvez aussi visualiser une grille cristalline (page 54), à moins de suivre votre intuition.

9. Si vous êtes dans la cabine de douche, versez les ingrédients prémélangés au-dessus de votre tête et frictionnez-en votre peau ; bien détendue, vous émettez une énergie d'amour.

10. Restez dans le bain ou sous la douche aussi longtemps que votre intuition vous le dicte. Enfin, faites décroître la lumière émanant du centre de votre cœur et apprêtez-vous à reprendre doucement contact avec votre environnement.

11. Si vous utilisez une baignoire, restez dedans le temps que l'eau s'évacue.

12. Fermez votre grille et envoyez-la dans l'Univers. Attendez 24 heures pour vous rincer ; jetez à l'extérieur de chez vous les ingrédients de ce rituel.

POTION DE GUÉRISON À GRANDE ÉCHELLE

Avec ce charme, apprêtez-vous à diriger une énergie de guérison suffisamment vaste pour cibler un pays frappé par un désastre, quel qu'il soit. Hélas, il y en a tant dans le monde que l'on ne sait par où commencer ; autant faire preuve de sagesse et s'atteler à la tâche en se concentrant sur un problème à la fois, sans s'éparpiller – une intention à portée trop générale a en effet tendance à se perdre dans le néant. Assurez-vous, donc, de définir clairement ce que vous souhaitez voir guérir ; ainsi, l'Univers pourra répondre à votre demande de manière efficace.

Cette fois, nous voici avec un charme à fabriquer dans un chaudron : sorcières, faites appel à toute votre poigne ! Au cas où vous n'auriez pas la possibilité de vous procurer un chaudron digne de ce nom, vous pouvez aussi utiliser une banale marmite, du moment qu'elle sert exclusivement à vos travaux de magie. Personnellement, j'ai opté pour cette solution, et cela fonctionne à merveille.

PROCUREZ-VOUS

- Un chaudron ou une marmite
- Du papier et un stylo
- 1 c. à c. de cannelle moulue
- 1 c. à c. de pissenlit séché
- 1 c. à c. de feuilles de tulsi (basilic sacré)
- Un briquet ou des allumettes
- Du vinaigre blanc

MOMENT PROPICE

Ce charme pose l'intention de protéger : l'idéal est de le réaliser lors d'une nouvelle lune ou d'une lune en phase de croissance.

INSTRUCTIONS

1. Rassemblez vos ingrédients ; assurez-vous d'avoir un plan de travail suffisamment vaste.

2. Enveloppez-vous de votre grille de protection, papier et stylo compris ; procédez à votre ancrage.

3. Faites monter en vous une sensation de sécurité intérieure, puis notez votre intention sur la feuille. Soyez précise dans votre formulation.

4. Saupoudrez la cannelle sur votre feuille en signe de guérison rapide. Pliez-la sur elle-même trois fois vers l'extérieur, symbole d'une intention destinée à autrui. Enflammez un coin de la feuille pliée, déposez-la dans le chaudron.

5. Saupoudrez les miettes de pissenlit et de tulsi sur la flamme ; ces plantes sont parfaites pour accompagner le deuil.

6. Alors que ces ingrédients se consument, méditez le fait d'envoyer une énergie de guérison. Laissez les fragrances se répandre dans votre espace et l'imprégner de leur énergie bienfaisante ; inhalez-les en ressentant de la force ; sur l'expiration, envoyez de la compassion.

7. Continuez à méditer ainsi. Puis reprenez contact avec votre environnement en claquant une fois des mains.

8. Vous pouvez clore votre grille de protection et envoyer votre énergie à l'Univers.

9. Jetez les ingrédients hors de chez vous ; nettoyez votre chaudron avec du vinaigre blanc. Rangez-le dans un endroit sûr ; ne l'utilisez que dans le cadre de vos travaux.

8

CONCOCTER VOS PROPRES CHARMES

À présent, vous savez comment mener à bien des travaux de sorcellerie ; vous connaissez aussi les principes de base. Vous voilà apte à créer vos propres sortilèges ! La sorcellerie étant tout un art, voyez en chaque rituel un projet artistique magnifiant votre intention.

Plus bas se trouve une liste exhaustive pour vous orienter sur les ingrédients, divinités, phases de la Lune et autres indications. Inspirez-vous-en pour trouver les énergies qui correspondent le mieux à vos objectifs. Ne chargez pas vos rituels avec des tonnes d'ingrédients : en réalité, vous n'avez besoin de rien.

Eh oui, en sorcellerie, aucun ingrédient ne surpassera jamais la puissance de votre intention – le reste est accessoire. La ferveur de votre intention permettra aux ingrédients de déployer et faire rayonner l'énergie qui est la leur. Avec la pratique, vous verrez votre intuition se développer et vous saurez ce qui réussit le mieux à la sorcière qui vous habite.

PRATIQUER VOTRE ART

1, 2, 3, partez !

INTENTION

Avant de vous lancer dans des travaux de magie, quels qu'ils soient, vous devez savoir avec précision ce que vous voulez manifester dans l'existence. C'est cela même que l'on appelle une intention, concept qui devrait à présent vous être familier si vous avez parcouru les consignes de ce livre avec toute l'attention requise.

PRÉPARATIFS

Concoctez votre sort selon le rituel et les ingrédients de votre choix. Tâchez de lancer vos préparatifs en sachant parfaitement ce que vous voulez : toute la puissance énergétique qui est en vous sera mobilisée pour amener votre intention, c'est-à-dire vos objectifs, à se manifester. Autrement dit, ne vous précipitez pas à la dernière minute.

S'ANCRER

S'ancrer, c'est s'enraciner sur un plan énergétique au contact de forces plus élevées. C'est aussi « avoir les pieds sur terre ». Pour travailler votre ancrage (page 40), imaginez des racines surgir de vos pieds ; au fur et à mesure qu'elles s'enfoncent dans le sol, voyez-les croître et se développer. De quoi littéralement vous arrimer au sol.

SE PROTÉGER

Ne sautez pas cette étape, elle est synonyme de sécurité. Si vous vous passez d'un cercle ou d'une grille de protection (page 54), assurez-vous systématiquement de précéder vos travaux d'un nettoyage énergétique ou d'un autre rituel de protection. De nombreuses forces sont à l'œuvre quand vous pratiquez ; la protection est un élément clé.

AGIR

Le grand moment est arrivé ! Regard intérieur focalisé sur votre objectif, votre sort/rituel est bien ficelé. Reste à le lancer, toute dernière étape du protocole : l'art de pratiquer la magie, c'est surtout une affaire de préparatifs. Une étape cruciale qui nécessite toute votre attention.

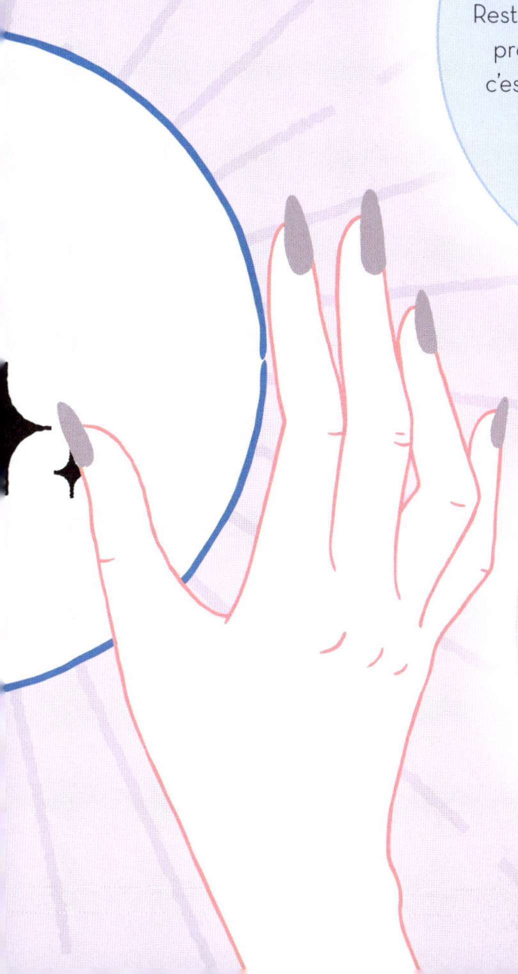

REMERCIER

Tout étant accompli, dissolvez votre protection. Remerciez l'Univers comme un ami qui vous a rendu un fier service, y compris les divinités ou esprits qui œuvrent à votre protection et à l'aboutissement de vos travaux. La gratitude est une énergie qui nourrit les relations que vous entretenez avec les forces invisibles.

DÉFINIR VOTRE INTENTION

L'intention est, par excellence, l'outil le plus puissant de notre sorcière intérieure. Je vous propose une méthode pour en imprégner votre énergie ; en voici le descriptif exact pour être en mesure de modeler votre intention.

QUI, QUOI, OÙ, QUAND ET POURQUOI

Pour poser une intention, vous devez identifier les paramètres ci-dessus selon votre objectif. La question « qui » est déterminante : à vous de réfléchir à votre éthique et à votre motivation, de décider si la cible mérite un sort. Sachant que pour certains travaux, bien souvent, le « qui », c'est vous !

Ensuite, il s'agit d'identifier en « quoi » vous voudriez influencer le « qui » au travers de ces pratiques énergétiques. Si la question du « où » se pose, il faut y répondre pour que l'Univers sache où intervenir. Autre facteur, le « quand », le moment propice à vos travaux. Cela dit, je vous conseille de lâcher prise à ce niveau : c'est l'Univers qui a le mot de la fin.

Enfin, le « pourquoi » donne toute sa couleur à votre intention. Soyez consciente des raisons exactes qui vous poussent à jeter un sort, sinon vous risquez de manipuler des énergies à l'aveuglette – et d'enfreindre les règles de probité liées à l'exercice de la magie. Si cet aspect de la pratique vous échappe encore, je vous conseille de reprendre ce livre à zéro.

SOYEZ PRÉCISE

Les bases de votre intention étant posées, définissez-la le plus précisément possible. Si vous avez bien suivi les instructions ci-dessus, votre objectif doit se préciser. Au lieu d'identifier le « qui » à « tous les gens privés de leurs droits », gagnez en précision en spécifiant : « ceux qui, parmi les gens privés de leurs droits, sont actuellement victimes de ___ » ; votre propos en sera affiné.

Nombreuses sont les pensées et croyances de base à se bousculer à un moment ou un autre de la réflexion ; plus vous serez spécifique dans votre intention, plus vous aurez de chances de la voir aboutir.

SOYEZ DIRECTE

Formuler une intention correctement implique d'aller droit au but. Ne vous perdez pas dans des détails qui, en plus, vous font perdre du temps. Votre intention doit frapper tel un coup d'épée au lieu de planer mollement comme un avion en papier. Par exemple, la déclaration : « Guérir ma famille de tous ses liens ancestraux toxiques » s'avérera bien plus efficace que « Faire en sorte que ma famille cesse de tenir des propos toxiques » ; eh oui, la première formulation renvoie directement à la source du problème.

QUE VOTRE INTENTION SOIT POSITIVE

Selon de nombreux pratiquants, une intention se doit d'être résolument positive. Ce qui compte pour moi à ce niveau, ce n'est pas tant le contenu de l'intention que sa tournure. Si un « non » est, en soi, puissamment magique, il faut veiller à respecter le caractère direct et spécifique d'une intention ; la force générée par une phrase du type « Que mon foyer soit protégé de toute violence » est nettement supérieure à ceci : « Que plus aucune violence ne soit tolérée au sein de mon foyer. »

CHOISIR LES BONS INGRÉDIENTS

Pour mener à bien vos travaux, vous pourriez être tentée de recourir à des ingrédients assortis à votre intention afin de la nourrir de leur énergie. Tout est énergie – vous aurez peut-être envie d'ajouter à vos rituels une touche de « compléments énergétiques ».

Voyons l'intention suivante :
« Être protégée de la malveillance ambiante et faire preuve de lucidité pour la prévenir. »
Un objectif de ce type suppose la réflexion suivante :

La protection joue un rôle clé dans cette intention ; choisissez des ingrédients susceptibles d'intensifier cette énergie.
À la fin de ce chapitre, vous trouverez une liste de plantes aromatiques et de cristaux. Certains ont des propriétés protectrices qui vont de pair avec votre intention.
Ces propriétés pouvant varier d'un ingrédient à un autre, tout dépend de vos attentes ; à vous de décider ce qui convient à votre rituel. Dans notre exemple, il s'agit d'obtenir une protection face aux menaces et non aux pensées que vous entretenez : optez donc pour une obsidienne noire – pierre qui érige une barrière de protection – au lieu de choisir une améthyste, dont les énergies servent à neutraliser les pensées liées à la peur.

Autre facteur à prendre en compte dans cette intention : la lucidité. À vous de trouver dans ce livre les ingrédients qui entrent en résonance avec cette qualité, ainsi qu'un aperçu clair de ce qu'il vous faut – ou non.

Ajouter ces ingrédients, c'est un peu comme ajouter des options à une voiture. Elle n'en sera pas plus performante ni plus rapide ; mais elle sera plus agréable à conduire, un vrai plus sur le plan vibratoire. Admettons que, dans cet exemple, votre intention soit la voiture ; le carburant, c'est la puissance énergétique de votre intention. Et les ingrédients choisis ? Il s'agit des merveilleux sièges en cuir et du GPS ajoutés en guise d'options.

Pour autant, ces accessoires ne sont pas essentiels ; une intention véhiculée par notre puissance intérieure peut en effet suffire à manifester ce que l'on désire. Les ingrédients d'un rituel sont, pour une apprentie sorcière, des alliés susceptibles d'apporter une assistance énergétique à ses travaux.

LES PHASES DE LA LUNE

Voyez en la Lune l'alliée puissante de tous vos rituels ; d'ailleurs, nombreuses sont les sorcières à pratiquer leur art en fonction de ses cycles. Elles tiennent compte des phases de la Lune et des signes astrologiques soumis à son influence au fil de l'année. Si personnellement vous n'êtes pas aimantée par la Lune, sachez que rien ne vous oblige à adhérer à cette pratique.

La Lune effectue un cycle complet en 29,5 jours autour de la Terre. Sa face d'abord plongée dans le noir s'illumine jusqu'à être complètement éclairée par le Soleil : la voilà pleine. Puis elle commence à décroître, ce qui nous amène à la nouvelle lune. Chaque phase est chargée d'énergies spécifiques ; la Lune, plus petite que la Terre, met peu de temps à en faire le tour ; elle reste dans un signe astrologique deux ou trois jours.

NOUVELLE C'est le point de départ du cycle lunaire, quand l'astre de la nuit n'est pas éclairé et entame sa phase de croissance. La Lune, objet céleste fréquemment vide de course (avant d'entrer dans le signe suivant), reflète la lumière du Soleil, d'où son potentiel énorme ; voilà pourquoi l'on dit que c'est la phase la plus propice pour libérer une intention en vue de sa manifestation. Elle dure environ trois jours.

CROISSANTE Période qui désigne le passage de la nouvelle lune à la pleine lune, c'est également le moment où sa lumière s'accentue au fur et à mesure que le Soleil l'éclaire : c'est le moment idéal pour nourrir votre intention, laquelle gagnera en puissance. Cette phase dure environ onze jours.

PLEINE À ce stade, la Lune est entièrement éclairée par le Soleil. Qui ne s'est pas déjà extasié devant la lumière qu'elle répand ? La lumière d'une pleine lune étant maximale, c'est une période idéale pour faire le point sur l'intention que vous avez émise et procéder au bilan de ce qui a fonctionné ou pas ; cette phase peut donc être synonyme de grand huit émotionnel. Ensuite, la lumière de la Lune va s'estomper ; c'est un temps d'intériorité, parfait pour se plonger dans la réflexion. Cette phase dure environ trois jours.

DÉCROISSANTE La Lune réfléchit de moins en moins la lumière du Soleil. Au fur et à mesure que son scintillement diminue, nos attachements perdent de leur importance. Cette période est prisée par les sorcières pour relâcher et bannir les énergies négatives. Cette phase dure environ onze jours.

SOMBRE Le ciel est complètement noir juste avant la nouvelle lune ; c'est le moment propice pour lancer un sort de bannissement et autres travaux dans ce sens. Phase finale de la lune décroissante, la lune sombre dure environ 24 heures. Elle a d'ailleurs un effet particulièrement boostant sur les rituels de magie noire.

Note : Internet vous sera très utile pour repérer les phases de la Lune en fonction des projets que vous voulez mener à bien.

LUNE DÉCROISSANTE **LUNE SOMBRE**

ASTROLOGIE

Que l'on soit enclin – ou non – à travailler avec l'astrologie, il faut savoir que les influences énergétiques d'origine céleste ont toujours un impact sur nos comportements au quotidien. Personnellement, pour mener à bien mes travaux de magie, je préfère travailler avec les constellations du Zodiaque dans leur ensemble, mais s'agissant d'un vaste sujet, je conseillerais plutôt aux débutantes de se concentrer sur les énergies du Soleil et de la Lune ; elles vous seront d'un précieux secours pour vous guider tout au long de l'année. Quand le Soleil est dans un signe astrologique, il met en lumière ce que nous irradions sur un plan général. Et quand il s'agit de la Lune, cette dernière fait ressortir notre part d'ombre.

BÉLIER Premier signe du Zodiaque, c'est un fonceur. Également signe de Feu qui tient à son indépendance, il est créatif et autonome.

TAUREAU Signe de Terre, le Taureau est ancré dans le monde matériel. Associé au confort et au luxe, il est doué pour manifester ce qu'il veut.

GÉMEAUX Signe d'Air loquace, enclin à communiquer. Sa nature duelle fait de lui une bonne source d'inspiration pour parvenir à voir les deux côtés d'un problème ou jouer deux rôles à la fois.

CANCER Signe d'Eau symbolique de l'émotionnel, le Cancer aime son foyer. C'est un peu la maman ourse du Zodiaque. J'aime faire appel à son énergie de protection.

LION Le Lion, ce boute-en-train, est un signe de Feu. Doté du sens du jeu et de la fête, il aime aussi flirter. Ses actions étant dictées par le cœur, il dégage une énergie d'abondance.

VIERGE Ce signe de Terre est dédié au service. Sa mission ? Prendre soin de soi à un niveau pragmatique. La santé avant tout. Le rôle de la Vierge n'est pas très glamour, mais il faut bien que quelqu'un s'en charge !

BALANCE Signe d'Air qui régit les relations (platoniques et autres). Ce signe romantique nous encourage à prendre soin d'autrui au lieu de ne penser qu'à soi.

SCORPION Sexy et doué pour entraîner la transformation, ce signe d'Eau sait faire naître une intimité profonde. Véritable détective du Zodiaque, il nous invite à aller au fond des choses.

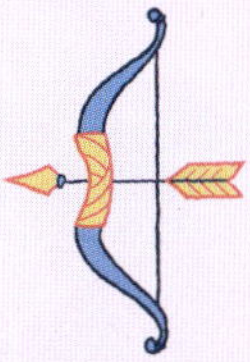

SAGITTAIRE Exubérant par nature, le Sagittaire est un signe de Feu qui ne lâche pas le bout quand il est en quête de vérité. Faire appel à ses énergies s'avère un excellent choix pour toute question en lien avec la philosophie.

CAPRICORNE Travailleur acharné, c'est aussi un signe de Terre qui met en avant carrière et réputation. Passer par ses énergies représente un excellent choix.

VERSEAU Ce signe d'Air est surtout en lien avec le collectif ; faites appel à ses énergies pour toute tâche qui relève des domaines social et juridique !

POISSONS Dernier signe du Zodiaque, ce signe d'Eau symbolise la fin et la transformation. Faites appel à ses énergies pour vous connecter profondément à vos émotions.

BOUGIES DE COULEURS

Cela fait belle lurette que les sorcières utilisent des bougies – elles n'ont pas attendu que la culture pop les mette à l'honneur sur des plateaux de cinéma ornés de candélabres sophistiqués. Toute la puissance d'une bougie est contenue dans sa flamme en train de danser – et dans sa fumée si elle en émet. En magie, observer le comportement de la flamme peut en dire long sur un sujet donné.

Par exemple, si votre flamme brûle haut et fort, il y a fort à parier que votre sort fonctionne à merveille. Mais si elle a tendance à vaciller et à brûler de façon anarchique, cela peut indiquer que quelque chose d'autre entrave votre rituel et qu'il faut vous en occuper. Ayez recours à votre intuition dans le contact que vous nouez avec la flamme ; vous comprendrez mieux ce qu'elle a à vous dire.

Ce n'est pas tout ; la magie de la couleur repose sur les vibrations énergétiques spécifiques à chaque couleur. En associant ces vibrations aux bougies, nous renforçons le caractère magique de nos travaux.

Noir Parfait pour protéger et bannir. Comme le noir contient toutes les autres couleurs, il est capable d'absorber n'importe quel type d'énergie négative.

Blanc Convient à tout type de magie. Le blanc dénotant l'absence de toute couleur, il est synonyme de pureté absolue.

Violet Favorise l'intuition, établit la connexion aux chakras de la couronne et du troisième œil. Couleur associée au luxe et à la royauté.

Bleu Couleur de la communication par excellence, le bleu ouvre le chakra de la gorge. Étant associée à l'élément Eau, cette couleur a un effet éminemment calmant.

Vert C'est, par exemple, la couleur d'un billet de banque de 100 euros. Le vert est une couleur qui fait des merveilles en matière d'abondance. Moins connu pour ses vertus magiques en amour, il aide à ouvrir le chakra du cœur.

Jaune Attribut de la joie et du Soleil, le jaune amplifie la joie de vivre. Couleur associée au chakra du plexus solaire, au rétablissement de la confiance en soi et à l'élément Air, le jaune est parfait pour multiplier les pensées positives.

Orange C'est la couleur du chakra sacré, également alliée de la créativité. Chaque fois que j'ai l'angoisse de la page blanche, j'allume une bougie orange.

Rouge Représentatif de la passion, le rouge est une couleur résolument sexy. S'il booste la volupté et le désir, il apporte aussi de la passion à tout projet créatif.

Doré On le dit masculin, et pour cause – le doré est associé au Soleil. C'est aussi la couleur du faste dans le domaine de l'abondance.

Argenté Couleur en lien avec le féminin, l'argenté est associé à la Lune ; sa faculté à protéger est légendaire.

PLANTES

Vos travaux de sorcellerie gagneront en efficacité avec l'usage de simples, ou plantes aromatiques. Entre autres possibilités, elles peuvent être brûlées, « habiller » vos bougies – il suffit de les en envelopper – ou être intégrées à une amulette ; il y a mille et une manières de les utiliser !

Voici une liste de mes plantes préférées, toutes disponibles dans n'importe quel supermarché ; personnellement, j'ai fait le choix de travailler avec des plantes séchées, car en plus de mieux brûler, elles se conservent plus longtemps. Si vous préférez les sécher vous-même, achetez-les fraîches et lavez-les. Reste à les mettre dans le four chauffé à basse température et à les surveiller de près pour qu'elles ne se consument pas. Procéder ainsi vous permettra de les sécher et d'éliminer les résidus de pesticides ou d'additifs sur les feuilles de plantes destinées à vos travaux.

Sauge Outre la sauge blanche américaine surexploitée, et vendue en petits fagots pour assainir l'air d'une pièce, vous pouvez tout aussi bien vous procurer de la sauge blanche européenne. Rien de tel que la sauge pour purifier et bénir un logement. Assimilée à la rédemption, elle favorise aussi la prospérité.

Basilic Très puissante en matière de protection et d'exorcisme, cette plante favorise aussi l'abondance, qu'il s'agisse d'amour ou d'argent - tout dépend de l'intention que vous émettez.

Romarin En plus de ses propriétés protectrices, il permet de gagner en force. Utile pour le nettoyage, il améliore aussi la mémoire.

Rose Fleur répandue, la rose est surtout connue pour sa propension à faire s'épanouir une idylle. Cela ne l'empêche pas d'être fort utile pour échapper au mauvais œil (page 21).

Thym Vous pouvez compter sur le thym pour gagner en force, en courage et développer une attitude positive. Il s'avérera aussi un allié précieux de tous vos rituels.

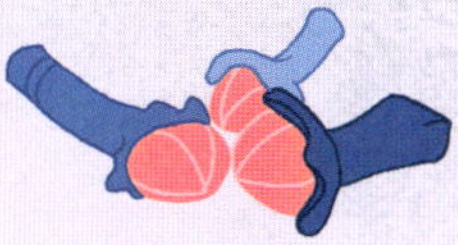

Clous de girofle Cet aromate qui sent si bon excelle à bannir le mal. Ce pourvoyeur de protection permet aussi de chasser la douleur physique. En infusion, il est connu pour atténuer les rages de dents.

Cannelle La cannelle booste les travaux de magie ; elle permet de remporter des victoires éclatantes. Ajoutons qu'elle fait des merveilles en matière d'abondance et de savoir-faire en sorcellerie.

Lavande La lavande permet, entre autres, de bannir des entités nuisibles et de purifier un espace, sans oublier sa capacité à faire croître l'intelligence.

CRISTAUX

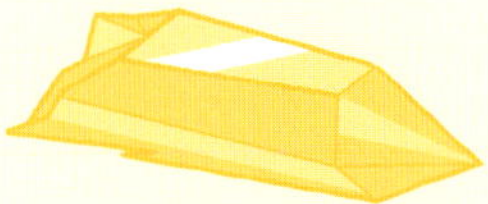

Toutes les sorcières raffolent des cristaux. Issus de la Terre mère, ils sont le réceptacle d'une énergie qui s'est forgée au fil de millions d'années – chacun d'eux diffusant des vibrations antédiluviennes uniques. Leur pouvoir magique est flagrant, qu'ils servent à méditer ou à amplifier l'effet d'un sortilège. Voici quelques incontournables :

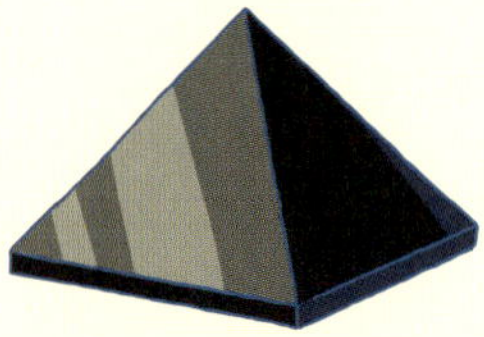

Obsidienne noire Ma pierre préférée : c'est, à mon avis, l'arme fatale pour se protéger de la malveillance. Je l'utilise régulièrement lors de mes travaux, histoire d'être hors de portée des peurs projetées par autrui – consciemment ou inconsciemment – sur ma personne.

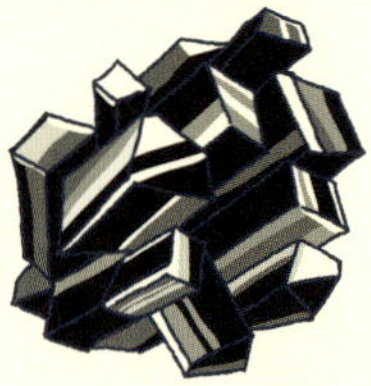

Tourmaline noire Autre pierre de protection par excellence, la tourmaline noire est particulièrement efficace en présence d'énergies négatives moins denses, émises de façon involontaire. Elle agit à merveille dans les rapports interpersonnels.

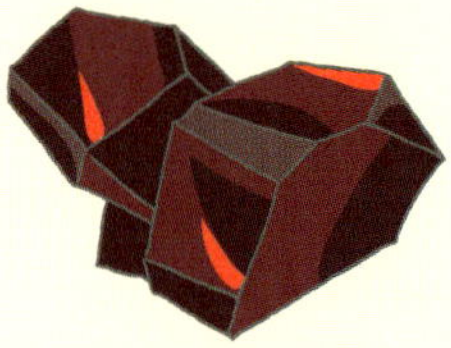

Grenat Le grenat va de pair avec la passion – et peut même déclencher un feu dévorant.

Améthyste Une pierre formidable pour qui veut stimuler clarté et stabilité sur le plan mental. Pensez à en mettre une sous votre oreiller pour favoriser un travail sur vos rêves – voire des rêves lucides.

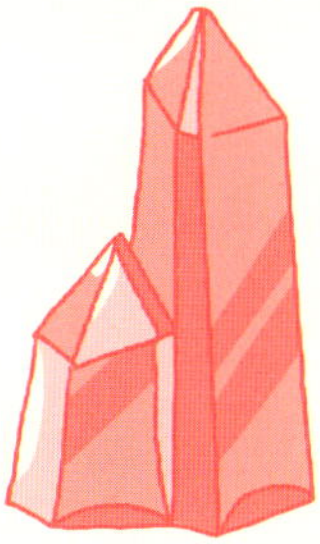

Quartz rose Grand chouchou par effet de mode, ce serait une erreur de le sous-estimer. Ce cristal a le mérite de faire grandir l'amour de soi ; et quand on éprouve de l'amour pour soi, c'en est fini des obstacles.

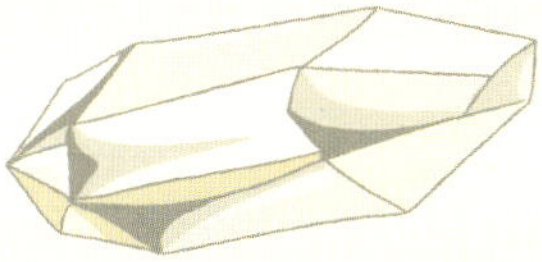

Cristal de roche C'est simple, on ne trouvera pas meilleur amplificateur. Rien de tel qu'un cristal de roche pour clarifier une situation ou se connecter au chakra coronal. Et ce n'est pas tout : associé à d'autres ingrédients, il fait office de loupe.

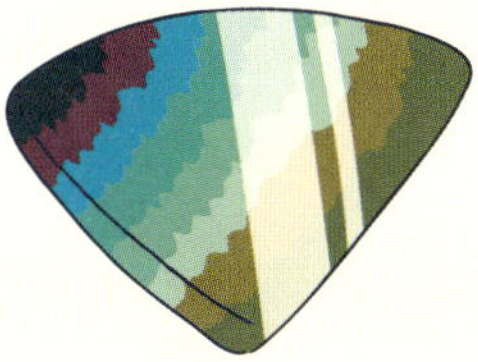

Labradorite L'une de mes pierres préférées : formidable rempart contre les attaques psychiques, la labradorite n'a pas sa pareille pour maintenir en soi force et puissance quand on traverse des périodes de transformation.

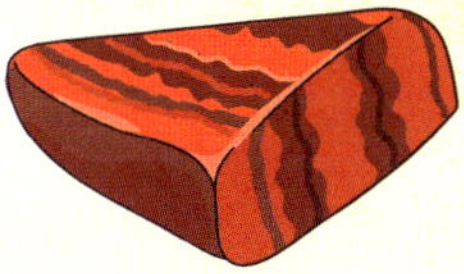

Jaspe Cette pierre excelle à alléger le stress et l'anxiété générés par un événement ; elle vous permettra d'atteindre un état propice à mener vos travaux sans coup férir. Et comme le jaspe absorbe aussi les énergies négatives, vous serez protégée à la fois de vous-même et d'autrui !

Agate Autre grande pierre pour transmuter les énergies négatives. Elle améliore les compétences mentales et la concentration. Enfin, l'agate permettra d'affiner vos perceptions ; c'est une alliée de choix pour vous accompagner dans vos travaux.

DIVINITÉS

Pour devenir une sorcière, il n'est pas forcément nécessaire de travailler avec les divinités et autres éléments cités dans ce chapitre. Pour autant, l'on ne saurait ignorer la puissance dont elles sont dépositaires ; invoquer leurs énergies peut avoir un impact conséquent sur vos rituels.

Quand vous invoquez une divinité, pensez à vous adresser à elle comme à un·e ami·e. Et surtout, remerciez-la ; il serait extrêmement malavisé de ne pas le faire. Faites preuve de respect, appréciez ce moment passé avec elle. Vous pouvez par exemple disposer un verre d'eau à son intention et accompagner votre demande des mots « s'il vous plaît » et « merci », ou lui faire une offrande susceptible de lui plaire. Si vous utilisez un ingrédient périssable, déposez-le à l'extérieur de chez vous une fois votre rituel accompli.

QUAND VOUS SOLLICITEZ UNE DIVINITÉ, PENSEZ À LA REMERCIER ET À ŒUVRER DANS LE RESPECT DE SES ÉNERGIES.

Kali est la déesse de la guerre au panthéon indien. Représentée la langue pendante, elle porte une ceinture ornée des têtes décapitées de ses ennemis. C'est une conquérante ; faites preuve de sagesse si vous faites appel à elle : une fois invoquée, elle passe à l'acte. Offrez-lui des hibiscus rouges – ne les humez pas – ou un couteau, son arme préférée.

Freya, divinité nordique, est à la fois guerrière et déesse de l'amour. Réputée pour faire passer les guerriers morts au combat dans l'au-delà, elle résout aussi les problèmes de fertilité. Vêtue d'un manteau de plumes de faucon, elle se déplace sur un char tiré par deux chats. Freya aime l'hydromel.

Athéna est la déesse grecque de la stratégie militaire et des mathématiques, également garante de la force. Faites appel à sa remarquable intelligence, et offrez-lui de l'huile d'olive.

Bastet est la déesse chatte vénérée au temps de l'Égypte ancienne, également maîtresse de la santé et de la guérison. Cette déesse du foyer agit aussi contre les maladies contagieuses et les esprits maléfiques. Offrez-lui de l'herbe à chats.

La Morrigan, issue de la mythologie celtique irlandaise, est une triple déesse associée au corbeau. C'est aussi la déesse de la mort, de la renaissance et de la beauté : offrez-lui du vin rouge ou de la viande – rouge elle aussi – si vous faites appel à elle.

Hécate, déesse grecque de la sorcellerie, peut vous aider pour tout projet mystique, notamment pour contacter des âmes passées dans l'au-delà. Miel ou poisson sont les offrandes à lui faire.

Huitzilopochtli, dieu aztèque du Soleil et de la guerre, distille des énergies masculines ; il remplit sa mission quand il s'agit d'atteindre la paix par un sacrifice. Pour obtenir ses faveurs, offrez-lui une turquoise ou une plume d'oiseau.

Thor, dans la tradition germanique, brandit son marteau en guise de protection lors d'un combat. Énergies masculines obligent, offrez-lui de la bière, voire le marteau de votre boîte à outils.

INDEX

© Shawn Engel, 2021

Première édition chez Chicago Review Press, 2020.
ISBN : 978-1-64160-448-2

© Quarto Publishing plc, une marque du groupe Quarto.

Illustrations : Olya Kamieshkova (d'après les illustrations originales Elevens – Autumn Hutchins, designer graphique pour le compte de Complete Mystica Collection) sauf : page 11, Science History banque d'images Alamy ; page 19, Magica / banque d'images Alamy ; page 23, affiche Michael M. Hughes (Magic for the Resistance : Rituals and Spells for Change), réalisée par Karina Ruiz Diaz.

Directrice artistique : Gemma Wilson
Design : Clare Barber
Illustrations : Olya Kamieshkova
Révision : Emma Harverson
Éditrice : Samantha Warrington

© Éditions Trajectoire, 2021 pour la présente édition en français.
Éditions Trajectoire – 355, rue de la Montagne-Noire, 31750 Escalquens
Une marque du groupe éditorial Piktos.
www.editions-trajectoire.fr

Traduction : Catherine Thély
Correction : Anne-Sophie Guénéguès
Mise en pages : Sonia Chorew

FSC
www.fsc.org
MIXTE
Papier issu de sources responsables
FSC® C016973

ISBN : 978-2-84197-839-7
Dépôt légal : novembre 2021.

Tous droits de reproduction,
de traduction ou d'adaptation
réservés pour tous les pays.